Jörg Gogarn

Unternehmensbewertung im Überblick
Grundlagen, Methoden, Beispiele

Bibliografische Information der Deutschen Nationalbibliothek:

Die Deutsche Nationalbibliothek verzeichnet diese Publikation in der Deutschen Nationalbibliografie; detaillierte bibliografische Daten sind im Internet über http://dnb.dnb.de abrufbar.

© 2015, Jörg Gogarn

Herausgeber: JG BC Projekt & Service GmbH

Herstellung und Verlag: BoD – Books on Demand, Norderstedt
ISBN: 978-3-7386-4677-1

Inhaltsverzeichnis

Einleitung 1
Historische Entwicklung 2
Überblick über die Bewertungsverfahren 4
Einzelbewertungsverfahren 5
   Liquidationswertverfahren 5
   Substanzwertverfahren 6
Gesamtbewertungsverfahren 7
   Marktorientiertes Verfahren: Multiplikatormethode 8
   Ertragswertverfahren 17
      Vereinfachtes Beispiel für die Durchführung einer Ertragswertberechnung .. 19
      Fallbeispiel 1 für die Durchführung einer Ertragswertberechnung 20
      Fallbeispiel 2 für die Durchführung einer Ertragswertberechnung 26
   Discounted Cash-Flow-Verfahren 32
      Fallbeispiel für die Anwendung DCF-Verfahren 40
         Kombination verschiedener Gesamtbewertungsverfahren 46
   Grundlagen für die Gesamtbewertungsverfahren 50
      Vorgehensweise zur Ermittlung eines Unternehmenswertes 50
      Wesentliche Anhaltspunkte für einen aussagekräftigen Unternehmenswert .. 51
Mischverfahren 53
   Übergewinnverfahren (Stuttgarter Verfahren) 53
   Mittelwertverfahren 54
Literaturverzeichnis 55
Herausgeber und Autor 57

Einleitung

Unter dem Begriff der Unternehmensbewertung versteht man die verschiedenen Verfahren zur Wertermittlung von Unternehmen als Ganzes. Für die Ableitung von Unternehmenswerten haben sich heute folgende Methoden herauskristallisiert, die in der Praxis anerkannt sind und üblicherweise angewendet werden:

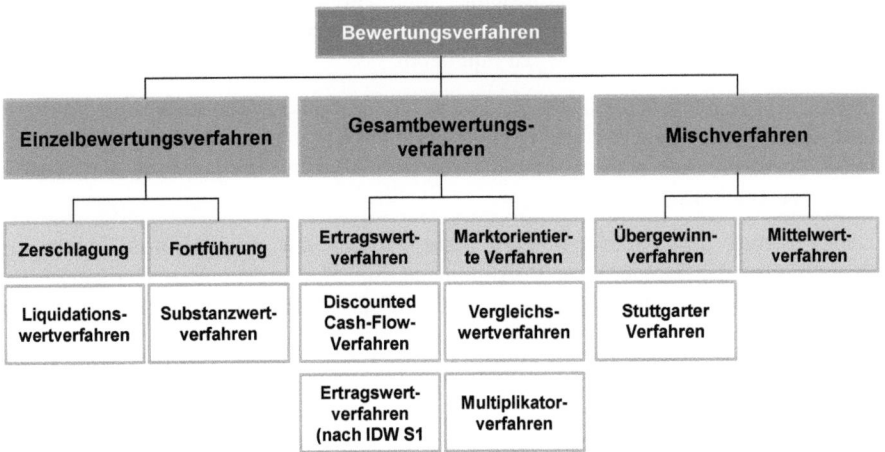

Verfahren von Unternehmensbewertungen

Allen Verfahren verbindet dabei die gesuchte Größe des Verfahrens: Der Marktwert des Eigenkapitals. Dabei ist folgendes wichtig: Es gibt nicht das „richtige" Bewertungsverfahren. Jeder Bewertende muss für sich entscheiden welches Verfahren er nutzen will. Dabei ist eine Unternehmensbewertung ist ein vielschichtiger Prozess:

- Ziel und Rahmenbedingungen bestimmen die Wahl des Bewertungsverfahrens
- Objektiv feststehende Faktoren aber auch „Einschätzungen" haben Einfluss auf die Wertermittlung
- Risikofaktoren und Abschläge „subjektivieren" objektive Verfahren
- Ertragswertverfahren bilden den wirtschaftlich nachhaltigen Unternehmenswert ab
- Abschließend ist der Wert eines Unternehmens Einschätzungssache

Aufgrund der vielen Einsatzmöglichkeiten und der großen Bedeutung in der Praxis zählt die Unternehmensbewertung zu den wohl komplexesten und am kontroversesten diskutierten Gebieten der Wirtschaftswissenschaften.

Historische Entwicklung

In den 50er-Jahren wurde versucht einen sogenannten objektiven Unternehmenswert zu ermitteln. Dabei sollte es sich um einen einzigen für jedermann gültigen Wert handeln, der unabhängig von sämtlicher Subjektivität für eine Bewertung bestimmt werden kann. Dabei wurde jedoch nicht berücksichtigt, dass zwei potenzielle Investoren für ein und dasselbe Unternehmen auch zwei unterschiedliche Verwertungsmöglichkeiten verfolgen können: Entweder das Unternehmen fortzuführen oder zu zerschlagen bzw. zu liquidieren.

Ebenso wurde nicht berücksichtigt, dass potenzielle Investoren neben der Investitionsmöglichkeit n das bewertete Unternehmen auch in alternative Anlagen investieren können, die sich z. B. aufgrund einer persönlichen Risikobereitschaft voneinander unterscheiden können.

Dabei werden der Verkäufer eines Unternehmens und ein potentieller Investor (Käufer) stets unterschiedliche Vorstellungen vom Kaufpreis haben. Der Verkäufer möchte einen möglichst hohen Preis erzielen, der Käufer einen möglichst fairen Preis.

Diese Überlegungen zeigen, dass Bewertungen meist von den persönlichen Wertvorstellungen der beteiligten Parteien abhängten. Somit ist es kaum möglich, einen allgemeingültigen objektiven Unternehmenswert zu ermitteln.

In den 60er-Jahren griff die subjektive Bewertungslehre die Kritik an der objektiven Bewertungslehre auf. Man erkannte, dass der Unternehmenswert von den persönlichen Präferenzen des Bewertenden abhängt: Treffen Verkäufer und potentieller Käufer aufeinander, so kann man sich nicht auf einen Pries einigen, da die einzelnen Sichten auf das Bewertungsobjekt bzw. einzelne Komponenten und die persönlichen Interessen entscheidend voneinander abweichen.

In den 70er-Jahren wurden die Grundlagen für die bis heute gültige funktionale Bewertungslehre entwickelt. Wesentliche Elemente aus beiden vorangegangenen Bewertungslehren wurden miteinander kombiniert und die Unternehmensbewertung davon abhängig gemacht, welche Funktion der Bewertende wahrnimmt.

Ist der Bewertende etwa ein externer Gutachter und soll einen Unternehmenswert bestimmen, der unabhängig von den individuellen Wertvorstellungen einzelner Parteien ist, so liefert er im Rahmen eines Bewertungsprozess Argumente, die anschließend in die Preisverhandlungen einbezogen.

Einen funktionalen Bewertungsansatz verfolgt auch das Institut der Wirtschaftsprüfer (IDW) und sieht den Bewertenden als neutralen Gutachter, „der mit nachvollziehbarer Methodik einen von den individuellen Wertvorstellungen betroffener

Parteien unabhängigen Wert des Unternehmens – den objektivierten Unternehmenswert – ermittelt" (IDW S1 Textziffer 12).

Seit den 90er-Jahren wird die Unternehmensbewertung mehr und mehr von einer Marktorientierung geprägt. Es stehen nun nicht mehr nur zwei Parteien (z.B. Käufer und Verkäufer) im Mittelpunkt, sondern grundsätzlich alle potenziellen Investoren sowie deren Anlagealternativen. Auf diese Weise wird versucht, einen Unternehmenswert zu ermitteln, der durch alle Kapitalmarktteilnehmer bestätigt wird. Hierzu werden vor allem die Erkenntnisse aus der Finanzierungs- und der Kapitalmarkttheorie herangezogen.

Der Ursprung der Unternehmensbewertung liegt in der Ermittlung von Kauf- bzw. Verkaufspreisen im Rahmen von Unternehmenskäufen bzw. -verkäufen, auch heute noch die wichtigsten Bewertungsanlässe. Daneben sind im Laufe der Zeit zahlreiche weitere Situationen entwickelt, bei denen eine Unternehmensbewertung zu einem zentralen Aspekt geworden ist.

So sind vor allem bei Kapitalmarkttransaktionen Unternehmensbewertungen durchzuführen, z B. bei Börseneinführungen (Initial Public Offerings) oder erzwungenen Übertragungen von Aktien gegen eine (Bar-) Abfindung (sogenannte Squeeze-outs, §§ 327a ff. AktG).

Darüber hinaus ist eine Unternehmensbewertung die Basis für die Ermittlung eines Auseinandersetzungsguthabens bzw. zur Anteilsbewertung im Falle eines Ausschlusses oder Ausscheidens von Gesellschaftern oftmals sogar satzungsmäßig vorgeschrieben. Einen weiteren Bewertungsanlass bildet die Nachfolgeplanung im Unternehmen, die bekanntlich insbesondere für (mittelständische) Familienunternehmen von zentraler Bedeutung ist.

Außerdem wird auf Methoden der Unternehmensbewertung auch in der Rechnungslegung zurückgegriffen: z.B. bei einem Impairment-Test, den in den meisten Rechnungslegungsvorschriften erforderlichen Werthaltigkeitsprüfungen von Unternehmensanteilen, zahlungsmittelgenerierenden Einheiten oder einzelnen Vermögenswerten (z.B. § 253 HGB, IAS 36 und ebenso US-GAAP). Für letztere kommt den Werthaltigkeitsprüfungen des Geschäfts- oder Firmenwerts (Goodwill) eine besonders große Bedeutung zu.

In jüngster Zeit greifen darüber hinaus vor allem Banken, Finanzdienstleister und sogar die Unternehmen selbst, auf Methoden der Unternehmensbewertung zurück, um die Kreditwürdigkeit ihrer Schuldner und Geschäftspartner zu überprüfen.

Auch für eine wertorientierte Unternehmensführung (Shareholder Value Approach) ergeben sich regelmäßig Anlässe für Unternehmensbewertungen, etwa im Rahmen des Beteiligungscontrollings oder der strategischen Beteiligungsplanung.

Überblick über die Bewertungsverfahren

Im Rahmen der Unternehmensbewertung sind mit den Einzelbewertungsverfahren und den Gesamtbewertungsverfahren grundsätzlich zwei Verfahren voneinander zu unterscheiden.

Substanzwert- und Liquidationswertverfahren orientieren sich als Einzelbewertungsverfahren am Schema der Bilanz des Bewertungsobjekts und bewerten jeweils einzeln Vermögenswerte und Schulden. Die Summe der ermittelten Einzelwerte bildet schließlich den Unternehmenswert.

Dabei wird nur das Ist zum Abschlussstichtag abgebildet, die künftige Entwicklung des Unternehmens wird nicht berücksichtigt. Die einzige zu beantwortende Frage ist, ob das Unternehmen fortgeführt wird oder nicht. Unerheblich ist dagegen, wie sich die Zukunft des Unternehmens im Falle einer Fortführung konkret gestaltet.

Bei den Gesamtbewertungsverfahren, dem Discounted-Cashflow- und dem Ertragswertverfahren, erfolgt keine Bewertung der einzelnen Vermögenswerte und Schulden, sondern die Ermittlung der finanziellen Vorteile, die sich für den Eigentümer des Unternehmens ergeben.

Das Unternehmen wird als Investition betrachtet, das dem Eigentümer einen Mittelzufluss in Form von Cashflows bzw. Erträgen) zukommen lässt. Diese Mittelzuflüsse kann der Eigentümer wiederum für den eigenen Konsum verwenden.

Das Ertragswertverfahren und das Discounted Cashflow-Verfahren sind sogenannte Zukunftserfolgswertmethoden. Das bedeutet, dass sich der Wert eines Unternehmens aus seinen zukünftig erwirtschafteten Zahlungsströmen ableitet. Diese prognostizierten Zahlungsströme werden mit einem geeigneten Kapitalisierungszins auf den Bewertungsstichtag diskontiert und der Unternehmenswert als Barwert ermittelt. Der Erfolg der zu bewertenden Gesellschaft in der Vergangenheit fließt damit nicht unmittelbar in den Wert ein. Vielmehr bildet die Vergangenheit die Basis, um das zukünftige Potential des zu bewertenden Unternehmens zu erfassen.

Ertragswertverfahren und Discounted Cashflow-Verfahren sind beide gleichermaßen anerkannt, wobei in Deutschland häufiger das Ertragswertverfahren herangezogen wird, im internationalen Umfeld eher das Discounted Cashflow-Verfahren.

Bei Unterstellung einer unendlichen Lebensdauer des Unternehmens (sogenannte Going-Concern-Prämisse) handelt es sich dabei um eine unendliche Anzahl von Perioden. Durch Unterstellung der Going-Concern-Prämisse wird die grundsätzliche Zukunftsorientierung deutlich.

Einzelbewertungsverfahren

Einzelbewertungsverfahren unterstellen die Zerschlagung bzw. den Wiederaufbau eines Unternehmens. Zukünftige Entwicklungen in Form von zu realisierenden Cashflows werden nicht berücksichtigt. Es wird nur die Gegenwart zum Abschlusstermin bewertet.

Ein Unternehmenswert auf Grundlage eines Einzelbewertungsverfahrens sollte demnach nur eine Wertuntergrenze darstellen.

Liquidationswertverfahren

Das Liquidationswertverfahren ist eine Schätzung über die Verkaufserlöse der Wirtschaftsgüter, wenn sie bei Zerschlagung und Liquidation des Unternehmens einzeln verkauft würden. Dabei wird der Veräußerungswert des Vermögens berechnet. Schulden werden mit ihren Ablösebeträgen angesetzt.

Dies ist jedoch nur möglich, wenn auch ein aktiver (liquider) Markt für die zu veräußernden Vermögenswerte und Schulden existiert. Hieran dürfte es z.B. im Falle individuell angefertigter Maschinen mangeln, sodass unter Umständen der Buchwert als Ausgangspunkt zur Ermittlung des Liquidationswerts herangezogen werden kann.

Die Summe der Veräußerungswerte stellt den Liquidationswert dar:

	Summe der Einzelveräußerungswerte
–	Veräußerungskosten
–	Verbindlichkeiten
=	**Liquidationswert**

Die Anwendung des Liquidationswertes wird primär bei Kreditwürdigkeitsprüfungen herangezogen, um Rückzahlungsfähigkeit aus den Vermögensgütern aufzuzeigen. Dabei dient der Liquidationswert zur Feststellung des maximalen Verlustrisikos. Die Fortführung des Unternehmens kann bei der Ermittlung eines Liquidationswerts selbstverständlich nicht unterstellt werden.

Überblick über die Bewertungsverfahren

Substanzwertverfahren

Der Unternehmenswert stellt die Vermögensteile dar, die für einen Wiederaufbau des Unternehmens notwendig sind.

Die Aktivposten der Bilanz werden dabei in betriebsnotwendige und nicht betriebsnotwendige Vermögenswerte unterteilt. Betriebsnotwendige Vermögenswerte werden mit den Wiederbeschaffungskosten angesetzt, nicht betriebsnotwendige Vermögenswerte mit dem Veräußerungs- oder Liquidationswert.

Die Wiederbeschaffungskosten werden dabei so angesetzt, dass die zwischenzeitlich erfassten Abschreibungen einzelner Vermögenswerte berücksichtigt werden, d.h. sie werden fiktiv auch im gebrauchten Zustand wiederbeschafft.

Auch die Schulden des Unternehmens werden in mit Nominalwerten anzusetzende betriebsnotwendige Schulden und mit Ablösebeträgen anzusetzende nicht betriebsnotwendige Schulden unterteilt.

Dabei trifft der Substanzwert keine Aussage über zukünftige Erträge des Unternehmens und ist eher als Hilfswert anzusehen. Nicht-bilanzielle Werte (Firmen-Knowhow, Software, Mitarbeiterqualifikation) werden nicht berücksichtigt.

Der Substanzwert des Unternehmens ist der Wiederbeschaffungswert abzüglich der Verbindlichkeiten:

	Wiederbeschaffungswert des Aktivvermögens
–	Verbindlichkeiten
=	**Substanzwert**

Damit unterstellt dieses Verfahren zwar die Fortführung des Unternehmens, jedoch lediglich hinsichtlich der Wertermittlung einzelner Vermögenswerte. Eine Prognose künftiger durch das Unternehmen erwirtschafteter Cashflows ist nicht notwendig.

Gesamtbewertungsverfahren

Beim Ertragswertverfahren wird der Barwert der zukünftigen, den Unternehmenseignern zufließenden finanziellen Überschüsse ermittelt. Beim Discounted Cashflow-Verfahren wird der Unternehmenswert als Gesamtwert eines typisiert unverschuldeten Unternehmens durch die Diskontierung zukünftiger sog. Free Cash-Flows ermittelt. Die Free Cash-Flows sind freie Zahlungsströme des Unternehmens, die den Eigen- und Fremdkapitalgebern zustehen. Zur Ableitung des Unternehmenswertes, der dem Anteilseigner zusteht, sind folglich die Finanzverbindlichkeiten noch abzuziehen.

Bewertungen in Deutschland basieren häufig auf einem Bewertungsstandard des Instituts der Wirtschaftsprüfer, dem IDW-Standard „Grundsätze zur Durchführung von Unternehmensbewertungen" (IDW S 1). Nach IDW S 1 ergibt sich der Unternehmenswert grundsätzlich aus den finanziellen Überschüssen, - also eigentlich nach dem Ertragswertverfahren - die bei Fortführung des Unternehmens und Veräußerung des nicht betriebsnotwendigen Vermögens erwirtschaftet werden.

Da die zugrunde gelegten finanziellen Überschüsse dem Unternehmenseigner bzw. Investor zu seiner freien Verfügung stehen sollen, sind sie unter Berücksichtigung der Unternehmenssteuern sowie grundsätzlich der beim Eigner aufgrund des Eigentums an dem Unternehmen entstehenden persönlichen Ertragsteuern zu ermitteln. Eine Bewertung nach IDW S 1 wird häufig für gutachterliche Zwecke erstellt und in einem Sachverständigengutachten dokumentiert. Im Zuge einer Nachfolgeplanung kann es u.U. hilfreich sein, einem Nachfolgekonzept eine neutrale Bewertung von einem unabhängigen, sachverständigen Gutachter zugrunde zu legen. Viele Plattformen verwenden das IDW S1-Verfahren zur Ermittlung des Auseinandersetzungsguthabens.

Im Fall einer geplanten Veräußerung auf dem Markt werden erzielbare Preise für die Anteile des Unternehmens hingegen eher selten auf der Basis des IDW S 1 ermittelt. Hier werden in der Regel subjektive Werte anhand des Discounted Cashflow-Verfahrens aus der Sicht des Veräußerers unter der Berücksichtigung individueller Ziele und Chancen abgeleitet und mit der aktuellen Situation auf dem Transaktionsmarkt verprobt, um so eine Vorstellung über einen maximal erzielbaren Kaufpreis zu erhalten.

Marktorientiertes Verfahren: Multiplikatormethode

Für die Bewertung von Unternehmen werden neben den zukunftserfolgsorientierten Bewertungsverfahren wie dem Ertragswert- oder Discounted Cash Flow-Verfahren in der Praxis häufig marktorientierte Bewertungsverfahren (auch "Multiplikatorverfahren" oder "Market Approach") angewendet. Der besondere Reiz der Multiplikatormethode besteht in ihrer - zumindest auf den ersten Blick - einfachen Handhabung und leichten Verständlichkeit.

Im Rahmen der Multiplikatormethode wird der Unternehmenswert entweder aus dem Marktpreis vergleichbarer, ggf. börsennotierter Unternehmen, der so genannten Peer Group, abgeleitet, oder auf Basis von Preisen, die im Rahmen von Transaktionen mit vergleichbaren Unternehmen gezahlt wurden. Der Unternehmenswert ergibt sich dabei als Produkt eines aus den Vergleichsunternehmen abgeleiteten Multiplikators und der entsprechenden Kennzahl des zu bewertenden Unternehmens.

Als Bezugsgrößen kommen Wertgrößen wie beispielsweise Umsatz, EBITDA, EBIT, Cash Flow oder der Jahresüberschuss in Betracht. Lässt sich z.B. aus Transaktionen ableiten, dass für ein Unternehmen einer bestimmten Branche durchschnittlich der 1,2-fache Umsatz gezahlt wird, kann man diesen Faktor mit dem Umsatz des zu bewertenden Unternehmens multiplizieren, um überschlägig einen Gesamtunternehmenswert zu ermitteln. Bei Anwendung eines Umsatz- oder EBIT-Multiplikators sind zur Ableitung des Wertes der Anteilseigner die Finanzverbindlichkeiten abzuziehen.

Beim Multiplikatoransatz wird somit implizit unterstellt, dass sich aus beobachtbaren Marktpreisen vergleichbarer Unternehmen Rückschlüsse auf den Wert des betreffenden Unternehmens ziehen lassen. Dieser Ansatz ist grundsätzlich nur aussagekräftig, wenn die Ableitung der Multiplikatoren fundiert erfolgt und die Datenbasis mit der zu bewertenden Gesellschaft überhaupt vergleichbar ist.

Kennzahl des Bewertungsobjekts	x	Multiplikator des Vergleichsunternehmens	=	Unternehmenswert

Unternehmensbewertung mittels Multiplikator

Individuelle Werttreiber oder Risiken müssen bei der Berechnung explizit separat berücksichtigt werden. Oftmals geben Werte auf der Basis der Multiplikatormethode erste allgemeine Hinweise für die Größenordnung des erzielbaren Unternehmenswertes.

Bei der Bewertung eines Unternehmens anhand des Multiplikatoransatzes sind mehrere Schritte erforderlich. Zunächst erfolgt eine eingehende betriebswirtschaft-

Multiplikatormethode

liche Analyse des Bewertungsobjekts hinsichtlich der wesentlichen Werttreiber, z.B. Wachstumsrate der Umsätze, operative Marge oder Positionierung im relevanten Markt. Nichtbörsennotierte Unternehmen verwenden zumeist andere vergleichbare Kennzahlen, wie den bereinigten Gewinn vor Steuern.

	Gewinn vor Steuern (aus GuV)
+	Außerordentliche Aufwendungen (aus GuV)
+	Gehälter / Tantieme für ausscheidende Gesellschafter (aus GuV)
+	Abfindungen (aus GuV)
+	Erhöhung stiller Reserven bei Vorräten (Schätzung)
+	Kosten für nichtbetriebsnotwendige Firmenvermögen
+	Kreditzinsen für Gesellschafter-Darlehen (aus GuV)
=	**Zwischensumme**
−	außerordentliche Erträge (aus GuV)
−	Abschreibungen auf unterlassene Investitionen (Schätzung der unterlassenen Investitionen und der darauf möglichen Abschreibungen
−	voraussichtliche Kosten durch Umweltauflagen (Schätzung)
−	Erträge aus nichtbetriebsnotwendigem Firmenvermögen (aus GuV)
=	**Bereinigter Gewinn vor Steuern**

Basierend auf der Analyse des Bewertungsobjekts werden vergleichbare (börsennotierte) Unternehmen gesucht. Alternativ können vergleichbare Unternehmen, die Gegenstand jüngerer Transaktionen waren, in die Peer Group einbezogen werden. Vergleichbar heißt, dass die Unternehmen ähnliche zu erwartende Zahlungsströme für die Eigentümer erzeugen sollten. Solche Unternehmen sind in der Regel in der gleichen Branche angesiedelt, wobei dies nicht zwangsläufig so sein muss. In den meisten Fällen stellt diese Aufgabe den Bewertenden vor die größte Herausforderung, denn realistischerweise gibt es keine exakt vergleichbaren Unternehmen. Um die Abhängigkeit von nur einem einzigen Unternehmen und damit die Gefahr von

Multiplikatormethode

potenziellen Fehlbewertungen zu reduzieren, wird regelmäßig auf eine ganze Gruppe von Vergleichsunternehmen zurückgegriffen.

Im dritten Schritt werden die Finanzdaten der Vergleichsunternehmen um die Komponenten bereinigt, die individuelle Sondereinflüsse darstellen. Ziel ist es, die Vergleichbarkeit der Unternehmen mit dem Bewertungsobjekt zu erhöhen. Außerdem sollte die Wertermittlung auf Basis nachhaltiger, also voraussichtlich dauerhaft erzielbarer Ergebnisse erfolgen.

Hier sind z.B. außerordentliche Effekte oder die unterschiedliche Ausübung von Bilanzierungs- und Bewertungswahlrechten zu nennen. Erzielt ein Unternehmen beispielsweise einen hohen außerordentlichen Ertrag, sollte dieser im Rahmen der Ergebnisermittlung eliminiert werden, da es sonst zu Bewertungsverzerrungen kommt. Je nach Größe der Peer Group und Umfang der erforderlichen Bereinigungen kann dieser Schritt einen erheblichen Analyseaufwand verursachen.

Branche	Multiplikator
Bauindustrie	3 – 6
Chemische Industrie	5 – 9
Computerhandel	4 – 7
Elektrotechnik	5 – 8
Handel	5 – 8
Maschinenbau	5 – 6
Metallverarbeitung	4 – 6
Möbelindustrie	4 – 6
Nahrungsmittel	4 – 8
Papierverarbeitung	5 – 8
Softwarehäuser	3 – 9
Textilhersteller	4 – 5
Umwelttechnik	4 – 7
Zulieferer (Technik)	5 – 7

Näherungswerte für Branchenmultiplikatoren

Anschließend erfolgt die Ableitung und Berechnung von Multiplikatoren, die als Grundlage für die Wertermittlung herangezogen werden. In der Regel werden möglichst aktuelle Werte ins Verhältnis zu erwarteten Bezugsgrößen gesetzt, da Unternehmenswerte grundsätzlich Zukunftswerte darstellen. So können beispielsweise

Multiplikatormethode

Analysten-Schätzungen des Informationsdienstes I/B/E/S (Institutional Brokers Estimate System) verwendet werden. Als Bezugsgrößen kommen Wertgrößen wie beispielsweise Umsatz, EBITDA, EBIT, Cash Flow oder Jahresüberschuss in Betracht.

Daneben können aber auch Mengengrößen wie z.b. die Kundenzahl oder die Anzahl der Webseiten-Clicks herangezogen werden. Letztere wurden teilweise in der Hochphase der New Economy-Spekulation verwendet, um so umsatz- und ertraglose Unternehmen bewerten zu können. Mengengrößen sind allerdings grundsätzlich mit Vorsicht zu genießen, da die Unterschiede der Ertragskraft bzw. der Kostenstrukturen zwischen der Peer Group und dem Bewertungsobjekt nicht berücksichtigt werden.

Grundsätzlich wird zwischen den so genannten Equity- und Entity-Multiplikatoren differenziert. Bei Equity-Multiplikatoren, wie z.b. dem Kurs-Gewinn-Verhältnis (KGV) oder dem Kurs-Cash-Flow (to Equity)-Verhältnis (KCFV), errechnet sich der Marktwert des Eigenkapitals direkt aus dem Produkt des Multiplikators der Peer Group und der Bezugsgröße des Bewertungsobjekts (z.B. erwarteter Jahresüberschuss). Entity-Multiplikatoren, wie z.B. Enterprise Value/Umsatz, Enterprise Value/EBITDA oder Enterprise Value/EBIT, hingegen beziehen sich auf den Marktwert des Gesamtkapitals (Enterprise Value oder kurz: "EV"), der den Marktwert des Eigen- und Fremdkapitals abzüglich der liquiden Mittel umfasst. Equity-Multiplikatoren berücksichtigen nicht, dass bei unterschiedlichem Verschuldungsgrad die Eigenkapitalkosten variieren. Entity-Multiplikatoren hingegen ermöglichen eine bessere Vergleichbarkeit unterschiedlich finanzierter Unternehmen.

Da das KGV (bei unterstellter Vollausschüttung) grundsätzlich dem Kehrwert der Eigenkapitalkosten abzüglich einer erwarteten nachhaltigen Wachstumsrate entspricht, nehmen "richtige" KGV mit steigendem Verschuldungsgrad ab. Dies ist insofern plausibel, da Investoren mit zunehmendem Verschuldungsgrad der Gesellschaft ein höheres Risiko eingehen und damit auch eine höhere Renditeforderung stellen. Der Vergleich von KGV von Unternehmen mit unterschiedlichem Verschuldungsgrad ist folglich nur beschränkt möglich.

Die implizite Berücksichtigung der erwarteten Wachstumsrate im KGV lässt sich empirisch dadurch nachvollziehen, dass regelmäßig die Höhe des KGV mit der Höhe der erwarteten Wachstumsrate positiv korreliert. So lässt sich beobachten, dass Wachstumsunternehmen in der Regel höhere KGV aufweisen als reife Gesellschaften, deren Erträge nur noch moderat steigen bzw. stagnieren. Das Price-Earnings-to-Growth-Verhältnis (PEG) wird durch Division des KGV durch die erwartete Wachstumsrate berechnet und berücksichtigt somit explizit das Unternehmenswachstum.

Multiplikatormethode

Branche	Börsen-Multiples		Experten-Multiples Large Cap	
	EBIT	Umsatz	EBIT	Umsatz
Beratende Dienstleitungen	-	-	8,2-10,8	0,78-1,33
Software	13,1 ↓	0,97 ↓	8,6-11,5	1,22-1,94
Telekommunikation	15,0 ↓	1,65 ↓	7,9-10,6	1,06-1,59
Medien	16,0 ↓	3,73 ↓	8,4-11,4	1,18-1,81
Handel und eCommerce	9,1 ↓	0,5 ↓	8,1-12,7	0,74-1,35
Transport, Logistik, Touristik	10,1 ↓	0,56 ↓	7,9-10,9	0,62-1,02
Elektrotechnik und Elektronik	12,9 ↑	1,25 ↑	7,8-10,5	0,74-1,12
Fahrzeugbau und -zubehör	12,5 ↓	1,13 ↑	7,7-10,3	0,71-1,11
Maschinen- und Anlagebau	14,1 ↓	1,22 ↓	7,8-10,3	0,76-1,17
Chemie und Kosmetik	12,0 ↓	1,22 ↑	9,0-12,1	1,09-1,63
Pharma	12,6 ↓	1,72 ↑	9,1-12,1	1,32-2,00
Textil und Bekleidung	12,3 ↑	1,27 ↓	7,9-10,5	0,87-1,35
Nahrungs- und Genussmittel	7,7 ↑	0,49 ↑	9,6-11,4	0,9-1,46
Gas, Strom, Wasser	13,7 ↓	0,64 ↓	7,5-10,0	0,81-1,21
Umwelttechnologie und erneuerbare Energien	-	-	7,1-9,9	0,69-1,13
Bau und Handwerk	13,7 →	1,57 ↑	6,8-9,0	0,51-0,81

Multiplikatoren-Übersicht, Stand Juli 2015; Large Cap: Über 250 Mio. Umsatz, Pfeile zeigen Veränderung zum Vormonat; Quelle: Finance Research, Frankfurt

Multiplikatormethode

Branche	Experten-Multiples Mid Cap		Experten-Multiples Small Cap	
	EBIT	Umsatz	EBIT	Umsatz
Beratende Dienstleitungen	6,8-9,1	0,70-1,13	6,0-9,1	0,66-1,11
Software	8,0-10,7	1,05-1,54	7,4-9,6	0,92-1,37
Telekommunikation	7,6-9,7	0,8-1,27	6,8-8,7	0,76-1,09
Medien	7,4-10,2	1,07-1,62	6,3-8,7	0,87-1,35
Handel und eCommerce	7,7-10,4	0,72-1,16	6,2-8,4	0,57-0,90
Transport, Logistik, Touristik	7,7-10,0	0,64-0,96	6,9-8,3	0,51-0,85
Elektrotechnik und Elektronik	7,5-9,4	0,68-1,03	6,8-9,1	0,60-0,99
Fahrzeugbau und -zubehör	6,7-9,0	0,69-0,97	6,2-8,0	0,61-0,96
Maschinen- und Anlagebau	7,3-9,5	0,68-1,01	6,3-8,5	0,61-1,00
Chemie und Kosmetik	7,4-9,8	0,88-1,32	7,0-9,2	0,91-1,37
Pharma	8,6-10,9	1,26-1,82	8,1-10,1	1,17-1,73
Textil und Bekleidung	6,7-8,8	0,76-1,13	6,0-9,0	0,71-1,15
Nahrungs- und Genussmittel	7,8-10,3	0,78-1,18	6,3-8,4	0,83-1,29
Gas, Strom, Wasser	7,2-9,0	0,72-1,05	6,1-8,3	0,76-1,21
Umwelttechnologie und erneuerbare Energien	7,8-10,4	0,76-1,15	6,0-8,1	0,71-1,14
Bau und Handwerk	6,7-8,0	0,51-0,73	5,9-7,2	0,54-0,83

Multiplikatoren-Übersicht, Stand Juli 2015; Small-Cap: unter 50 Mio. Euro, Mid-Cap: 50-250 Mio. Euro Umsatz; Quelle: Finance Research, Frankfurt

Multiplikatormethode

Multiplikatoren berücksichtigen branchenspezifische (z.B. hinsichtlich der Kapitalintensität) bzw. unternehmensindividuelle (z.B. hinsichtlich der Rentabilität) Unterschiede. So setzt beispielsweise die Bewertung auf Basis eines Umsatzmultiplikators identische Umsatzrenditen voraus. Da dies oft nicht der Fall ist, werden in der Praxis ergänzend ertragsorientierte Multiplikatoren wie EV/EBITDA oder EV/EBIT berechnet. Hier ist jedoch aus Sicht des Bewertenden von Bedeutung, dass diese Multiplikatoren vergleichbare Zinsdeckungs- und Steuerquoten voraussetzen.

Nachdem der Unternehmenswert des Bewertungsobjekts ermittelt wurde, sollte im letzten Schritt überprüft werden, inwiefern Bewertungszu- bzw. -abschläge für das Bewertungsobjekt vorgenommen werden können. In der Praxis werden beispielsweise bei der Übernahme von Mehrheitsanteilen Kontrollprämien vergütet, um die erweiterten Mitspracherechte zu honorieren. Ist das Bewertungsobjekt nicht börsennotiert, kann im Vergleich zu einer börsennotierten Peer Group ein Abschlag für mangelnde Fungibilität in Betracht kommen. Auch wenn hierzu eine Reihe von empirischen Untersuchungen durchgeführt wurden, ist es in der Praxis schwierig, die exakte Höhe von Zu- und Abschlägen zu bestimmen. Vor diesem Hintergrund ist hier eine besondere Vorsicht des Bewertenden erforderlich.

Nachfolgend ist eine vereinfachte Multiplikatorbewertung dargestellt. Das Risiko- und Wachstumsprofil des Bewertungsobjekts und der börsennotierten Unternehmen der Peer Group sind grundsätzlich vergleichbar, da sie u.a. in verwandten Märkten tätig sind und über ähnliche Kundenstrukturen verfügen. Für die Vergleichsunternehmen werden verschiedene Multiplikatoren auf Basis von Umsatz, EBITDA, EBIT, Cash Flow und Jahresüberschuss gebildet.

Peer-Group	Umsatz	EBITDA	EBIT	Cash-Flow	KGV
Untern. 1	0,3	3,3	5,5	4,9	14,8
Untern. 2	0,3	2,4	6,0	4,6	7,8
Untern. 3	0,3	3,3	5,3	4,0	7,4
Untern. 4	0,4	3,0	5,4	3,5	7,4
Untern. 5	0,1	2,1	3,9	4,6	2,0
Median	**0,3**	**3,0**	**5,4**	**4,6**	**7,4**

Bewertungs-objekt	Umsatz	EBITDA	EBIT	Cash-Flow	Jahres-überschuss
Finanzdaten	130,0	15,0	9,0	11,0	5,0
Enterprise Value	42,5	45,5	48,4	51,0	47,2
./. Nettover-bindlichkeiten	-10,0	-10,0	-10,0	-10,0	-10,0
Marktwert Eigenkapital	**32,5**	**35,5**	**38,4**	**41,0**	**37,2**

Unternehmenswert:

- Maximum: 32,5
- Median: 37,2
- Minimum: 41,0

Mit Hilfe der vorliegenden Finanzdaten des Bewertungsobjekts wird der Marktwert des Eigenkapitals auf Basis des Medians der Peer Group berechnet. Der Median wird ermittelt, indem die Ausreißer nach oben und unten eliminiert werden, er bietet den Vorteil, dass Ausreißer in die Bewertung nicht eingehen. Der Marktwert des Eigenkapitals ergibt sich je nach Multiplikator indirekt über die Subtraktion der Nettoverbindlichkeiten vom Enterprise Value (Entity-Multiplikator) oder direkt aus dem Produkt des Multiplikators mit der Bezugsgröße (Equity-Multiplikator).

Der Multiplikatoransatz ist in der Praxis vor allem im Rahmen von Verhandlungen von Transaktionen weit verbreitet. Für die möglichst zuverlässige Bewertung von Unternehmen wird dem Multiplikatoransatz jedoch eine begrenzte Anwendung zugesprochen. Gemäß dem deutschlandweit anerkannten Bewertungsstandard des Instituts der Wirtschaftsprüfer IDW S1 ist das Multiplikatorverfahren nur ergänzend zu einem zukunftserfolgsorientierten Verfahren (DCF-Verfahren, Ertragswertmethode) heranzuziehen. Der Multiplikatoransatz sollte deshalb eher zur Plausibilisierung dienen. Anders hingegen sind beispielsweise die internationalen Rechnungslegungsvorschriften ausgelegt.

Die Kritiker des Multiplikatoransatzes führen insbesondere an, dass jedes Unternehmen einzigartig ist und dies bei der Multiplikatorbewertung nicht ausreichend

Multiplikatormethode

berücksichtigt wird. Die Auswahl möglichst vergleichbarer Unternehmen stellt den Bewertenden in der Tat vor eine schwierige Aufgabe. Umso wichtiger ist eine sorgfältige Analyse der Unternehmen sowie eine Bereinigung der Finanzdaten. Zudem kann über eine Gewichtung der Unternehmen der Peer Group dem Maß der Vergleichbarkeit Rechnung getragen werden. Bei den aus Unternehmenstransaktionen abgeleiteten Multiplikatoren besteht zusätzlich das Problem einer regelmäßig geringen Anzahl an zeitnahen Transaktionen sowie die eingeschränkte Verfügbarkeit der relevanten Daten. Je eingehender somit die Analyse des zu bewertenden Unternehmens sowie der Unternehmen der Peer Group erfolgt, umso umfangreicher können die relevanten Werttreiber in die Wertfindung eingehen.

Festzuhalten bleibt, dass der Multiplikatoransatz ein geeignetes Mittel ist, um Anhaltspunkte für den Wert eines Unternehmens zu erhalten und um Unternehmenswerte auf Basis von Ertragswert- bzw. Discounted Cash Flow-Verfahren zu plausibilisieren. Insofern ist der Multiplikatoransatz grundsätzlich als Komplement zu den zukunftserfolgsorientierten Bewertungsverfahren heranzuziehen. Im Einzelfall müssen geeignete Multiplikatoren sorgfältig ausgewählt werden, um die unternehmensspezifischen Unterschiede, wie z.B. unterschiedliche Rentabilitäten oder Finanzierungsstrukturen, möglichst weitgehend zu erfassen. Eine stringente Durchführung des Multiplikatoransatzes erfordert folglich eine intensive Auseinandersetzung mit dem Bewertungsobjekt, den Vergleichsunternehmen und der Branche.

Ertragswertverfahren

Der Ertragswert beurteilt das Unternehmen aus Sicht einer Investition, deren Wert auf dem erzielbaren Ertrag und der erwarteten Rendite basiert.

Der Ertragswert geht von dem Gedanken aus, dass ein Unternehmen eine Investition ist und sich sein Wert aus dem erzielbaren Ertrag und den Renditeprognosen ableiten lässt. Wie bei einer Investition muss auch der Preis des Unternehmens eine ausreichend hohe Rendite in Form von zukünftig erwirtschafteten Gewinnen erzielen. Alternativ könnte sich ein potenzieller Nachfolger überlegen, das Geld in gut rentierende Wertpapiere anzulegen. Wie diese muss auch der investierte Unternehmenspreis genügend Ertrag in Form der zukünftig erwirtschafteten Gewinne abwerfen.

Entscheidend ist deshalb die zukünftige Ertragskraft. Sie wird auf Basis eines Budgets über einen Zeitraum von 2 bis 5 Jahren geschätzt. Aus diesen Einnahmen soll die Nachfolgeperson nicht nur die im Unternehmen erforderlichen Investitionen, sondern auch die aus der Übernahme resultierenden Zins- und Amortisationszahlungen (Kapitaldienst) finanzieren können. Die Betriebssubstanz ist dabei lediglich Mittel zum Zweck, das heißt zur Erzielung des Betriebsgewinns, und bleibt in der Berechnung unberücksichtigt. Hingegen wird die nicht betriebsnotwendige Substanz separat bewertet und zum Ertragswert addiert.

Bei der reinen Ertragswertmethode errechnet sich der Unternehmenswert nach folgender Formel:

Unternehmenswert = [(durchschnittlicher bereinigter Betriebsertrag x 100) / Kapitalisierungszinsfuß] + Erträge des nicht betriebsnotwendigen Vermögens

Die Schätzung der zukünftigen Erträge beruht in der Regel auf dem durchschnittlichen bereinigten Betriebsertrag der vergangenen 3 Jahre. Bei der Berechnung werden die Jahresergebnisse hinsichtlich betriebsfremder, periodenfremder und außerordentlicher Aufwendungen und Erträge sowie mit einem objektivierten Unternehmerlohn bereinigt.

Der Kapitalisierungszinsfuß setzt sich aus folgenden Komponenten zusammen, deren Zahlenwerte allerdings variieren können:

- Aktueller Basiszinssatz für Bundesobligationen
- Geschätzter Immobilitätszuschlag
- Festzulegender Abzug für Inflationsschutz
- Individueller Risikozuschlag

Ertragswertverfahren

Bei der Ertragswertmethode entzünden sich die Diskussionen in der Regel an der Bestimmung des Kapitalisierungszinssatzes, der sich maßgeblich auf die Höhe des Unternehmenswertes auswirkt. Jener hängt im konkreten Fall von der Höhe der jeweiligen Risikobeurteilung sowie von den Annahmen über die künftige Zins- und Inflationsentwicklung ab.

Bei der Bestimmung des Risikozuschlages sollten Faktoren wie die Genauigkeit der Ermittlung der zukünftigen Überschüsse (Gewinnschwankungen), die Finanzierungsstruktur des Unternehmens, die Rechtsform, die Branche, die Konkurrenzverhältnisse, die vom Übergeber unabhängige interne Organisationsstruktur, die Unternehmenskultur und die Wiederverkäuflichkeit berücksichtigt werden.

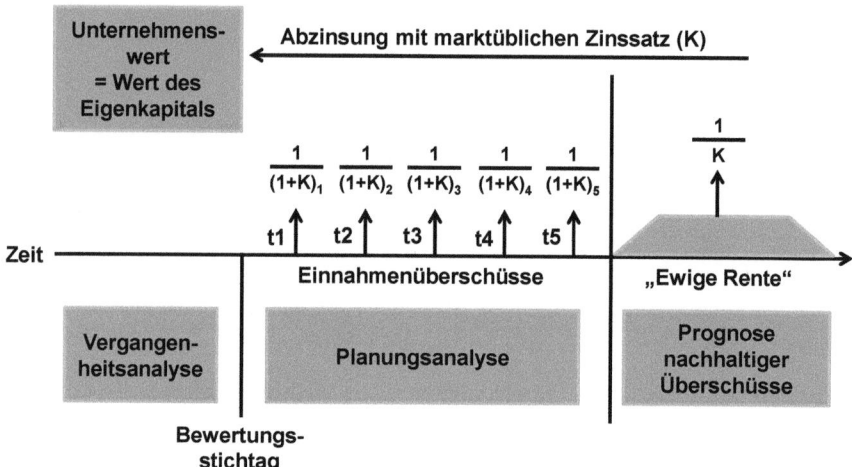

Darstellung Ertragswertverfahren

Vereinfachtes Beispiel für die Durchführung einer Ertragswertberechnung

- Der Wert des Unternehmens wird aus seiner Eigenschaft abgeleitet, in Zukunft Gewinne zu realisieren.
- Künftige Erträge des Unternehmens werden auf den heutigen Tag abgezinst und addiert.
- Außergewöhnliche Aufwendungen und Erträge werden bereinig.
- Dieser Wert wird dann durch einen Kapitalisierungszinsfuß (K), der auf dem Zinssatz festverzinslicher langfristiger Wertpapiere basiert, vermehrt um einen Risikoabschlag, dividiert:

Kapitalisierungszinsfuß (fiktive Beispielwerte):

	Zinssatz festverzinslicher Wertpapiere: 6 %
+	Risikozuschlag: 2 %
=	**Kapitalisierungszinssatz: 8 %**

Jahreserträge (fiktive Beispielwerte):

Jahresertrag 2010:	52.000 Euro
Jahresertrag 2011:	54.000 Euro
Jahresertrag 2012:	59.000 Euro
Summe:	**165.000 Euro**
Durchschnitt p.a.: 55.000 Euro	

Ertragswert = (55.000 Euro x 100) / 8% = 687.500 Euro

Fallbeispiel 1 für die Durchführung einer Ertragswertberechnung

Ausgangssituation

Die Muster GmbH ist ein gut geführtes Produktionsunternehmen, das für Abnehmer in ganz Deutschland tätig ist. Der Betrieb hat 25 Mitarbeiter.

Für das Unternehmen soll der Ertragswert berechnet werden:

Schritte der Unternehmensbewertung:

1. Schritt: Beschreibung des Bewertungsobjektes

Nach einer eingehenden Betriebsbesichtigung wird ein Inventar zusammengestellt, das alle betrieblichen Vermögensgegenstände umfasst. Lediglich der Bürokomplex befindet sich im privaten Eigentum des Unternehmers und wird dem Unternehmen zurzeit mietfrei überlassen. Zukünftig soll ein langfristiger Mietvertrag über einen Mietzins von EUR 50.000 Euro pro Jahr abgeschlossen werden.

2. Schritt: Analyse der bisherigen Einzahlungsüberschüsse = Free Cash-Flows

Die Erfolgsentwicklung des Unternehmens in den vergangenen drei Jahren stellt sich wie folgt dar:

Ertragswertverfahren

Beträge in Euro	2012	2013	2014
Umsatzerlöse:			
Produkt 1	2940.000	3.270.000	3.650.000
Produkt 2	1.500.000	1.732.500	2.001.000
Produkt 3	50.000	40.500	32.500
Gesamt:	**4.490.000**	**50.43.000**	**5.683.500**
Rohertrag:			
Produkt 1	1.719.000	1.794.500	1.875.000
Produkt 2	775.000	857.000	950.000
Produkt 3	23.125	18.315	14.500
Gesamt:	**2.517.125**	**2.669.815**	**2.839.500**
Aufwendungen/ Erträge:			
Personal	1.475.000	1.498.500	1.522.500
Vertrieb	360.000	371.000	385.000
Sonstige Aufwendungen/ Erträge	300.000	585.000	321.000
Abschreibungen	275.000	275.000	275.000
Davon Veränderungen Rückstellungen	0	275.000	0
Gesamt:	**24.410.000**	**2.729.500**	**2.503.500**
Jahresüberschuss/ -fehlbetrag	**107.125**	**-59.685**	**336.000**
+ Abschreibungen	275.000	275.000	275.000
+ Zuführung Rückstellungen	0	275.000	0
Free Cash-Flow	**382.125**	**490.315**	**611.000**

Hinweis: Bei der Ermittlung des Free Cash-Flows wurden die Fremdkapitalzinsen jeweils herausgerechnet, da die Art der Finanzierung für den Ertragswert ohne Bedeutung ist.

Ertragswertverfahren

3. Schritt: Prognose der zukünftigen Free Cash-Flows

(1) Ermittlung der Einflussfaktoren

- Allgemeine Marktentwicklung / Branchenentwicklung

  - Laut Branchenverband ist mit einem durchschnittlichen Umsatzwachstum von 2% p. a. bei Produkt 1 und 4 % bei Produkt 2 zu rechnen. Dieses Wachstum wird auch für die Muster GmbH erwartet, allerdings gekürzt um Einzelumsätze mit Kunden, die ausschließlich auf persönliche Kontakte zum Alteigentümer zurückzuführen sind.

    Ausgehend vom Basis-Jahr 2014 handelt es sich um 100.000 Euro bei Produkt 1 und 140.000 Euro bei Produkt 2.

    Die Roherträge bei Produkt 1 werden nach Auskunft des Verbandes wegen geringerer Überwälzungsmöglichkeiten vorübergehender Preiserhöhungen bei Rohmaterialien für 2015 und 2016 lediglich um 1% p. a. wachsen; anschließend geschätzt um 3,50% p. a. Bei Produkt 2 hingegen steigen die Roherträge wie die Umsatzerlöse um 4% p. a.

  - Anstieg der Personalaufwendungen um 2 % p. a.

  - Die Vertriebsaufwendungen erhöhen sich um jährlich 5 %.

  - Die sonstigen Aufwendungen wachsen um 10 % p. a.

- Strategische Planung

  - Aufgrund der schlechten Zukunftsaussichten zieht sich die Muster GmbH aus der Herstellung von Produkt 3 zurück. Ab 2015 wird die Produktion hier eingestellt.

  - Gleichzeitig ist die Stilllegung des Fuhrparks vorgesehen. Aus dem Verkauf der Fahrzeuge wird ein Erlös von 200.000 Euro erwartet. Für Speditionskosten sind 110.000 Euro p. a. neu einzukalkulieren. Die Vertriebskosten sinken dadurch um 10.000 Euro und die Abschreibungen um 15.000 Euro jährlich.

  - Eine Rückstellung aus 2013 kann aller Voraussicht nach in 2015 aufgelöst werden.

  - In 2015 und 2016 wird jeweils ein Arbeitsplatz aus Altersgründen frei und aufgrund einer betrieblichen Neuorganisation nicht wieder besetzt; die Einsparungen betragen hier je 60.000 Euro p. a.

  - Modernisierungs- bzw. Erweiterungsinvestitionen sind in den kommenden Jahren nicht erforderlich.

Ergänzende Hinweise:

- Die angegebenen Trends werden für 2015ff fortgeschrieben.

- Unternehmerqualität

  Der Firmeninhaber hat zwar große Erfahrung in Produktion und Vertrieb hat, dagegen weniger in der kaufmännischen Leitung. Die Auswirkung dieser Einschränkung auf den Unternehmenserfolg kann unmöglich exakt quantifiziert werden. Deshalb wird ein Abschlag auf die prognostizierten Ertragsüberschüsse von 10% angesetzt.

- Unternehmerlohn

  Grundlage für die Festlegung des angemessenen Unternehmerlohnes ist das bislang gezahlte jährliche Geschäftsführergehalt des Firmeninhabers von 100.000 Euro zzgl. eines Altersvorsorgebetrages von 25.000 Euro.

  Zum Vergleich: Nach Brancheninformationen werden in Unternehmen vergleichbarer Größe für angestellte Geschäftsführer Gehälter von durchschnittlich 65.000 Euro zzgl. 35.000 Euro an Sozialversicherungsleistungen gezahlt. Dieser Betrag von insgesamt 100.000 Euro wird daher als neuer Wert angesetzt.

  Dadurch sinken die Personalaufwendungen ab 2015 um 25.000 Euro p. a.

(2) Zukünftige Free Cash-Flows im Überblick

Unter Berücksichtigung dieser analysierten Einflussfaktoren wird nun eine Vorschau der zukünftigen Ertragsüberschüsse des Unternehmens vorgenommen (Aus Vereinfachungsgründen nur 3 Planjahre):

Ertragswertverfahren

Beträge in Euro	2015	2016	2017
Umsatzerlöse:			
Produkt 1	3.621.000	3.693.420	3.767.289
Produkt 2	1.935.440	2.012.858	2.093.372
Gesamt:	**5.556.440**	**5.705.278**	**5.860.660**
Rohertrag:			
Produkt 1	1.826.848	1.845.116	1.909.695
Produkt 2	924.200	961.168	999.615
Gesamt:	**2.751.048**	**2.806.284**	**2.909.310**
Aufwendungen/ Erträge:			
Personal	1.466.250	1.434.375	1.463.063
Vertrieb	393.750	413.438	434.110
Mietaufwand	50.000	50.000	50.000
Sonstige Aufwendungen/	353.100	388.410	427.251
Sonstige Erträge	275.000	0	0
Abschreibungen	260.000	260.000	260.000
Davon Veränderungen Rückstellungen	275.000	0	0
Gesamt:	**2.248.100**	**2.646.223**	**2.634.424**
Jahresüberschuss/ -fehlbetrag	**502.948**	**260.061**	**274.887**
+ Abschreibungen	260.000	260.000	260.000
+ Zuführung Rückstellungen	275.000	0	0
Free Cash-Flow	**487.948**	**520.061**	**534.887**
Abzüglich 10%	**439.153**	**468.055**	**481.398**

4. Schritt: Berechnung des Ertragswertes

(3) Festlegung des Kalkulationszinsfußes

Zunächst ist der Kalkulationszinsfuß zu ermitteln, mit dem die erwarteten Free Cash-Flows abgezinst werden, um den Gegenwartswert zu erhalten.

Dabei wird das Näherungsverfahrens angewendet: Der Zinsfuß wird um einen Risikozuschlag erhöht. Das ist in diesem Beispiel der gewählte Mittelwert aus langfristigen Kapitalmarktzinsen der letzten Jahre:6,50% p. a. (fiktiv). Dazu kommt ein Risikozuschlag von 3,50% p.a., so dass sich ein Kalkulationszinsfuß von 10% p.a. ergibt.

(4) Ermittlung des Ertragswerts:

Ertragswert = (439.153/ 1,1) + (468.055/ 1,1) + (481.398/1,1) + 200.000

= **1.462.369 Euro**

Überschüsse nach dem Jahr 2017 würden als „ewige Rente" dargestellt:

(493.216/ 0,1)/ 1,1 = 4.483.782 Euro

Sie würden den Ertragswert zwar um 4.483.782 Euro erhöhen, werden jedoch meist nicht berücksichtigt, weil sie mit hoher Unsicherheit behaftet sind.

Ertragswertverfahren

Fallbeispiel 2 für die Durchführung einer Ertragswertberechnung

Ausgangssituation

Die xyz GmbH ist ein mittelständisches Unternehmen der Lebensmittelindustrie.

Für das Unternehmen soll der Ertragswert berechnet werden:

Schritte der Unternehmensbewertung

1. Schritt: Beschreibung des Bewertungsobjektes

Für die Bewertung wurden die Jahresabschlüsse der Gesellschaft für die Geschäftsjahre 2010 bis 2014 zur Verfügung gestellt. Geschäfts- oder Businesspläne bzw. Planzahlen, die vor dem Bewertungsstichtag 01.01.2015 erstellt wurden, existierten nicht.

2. Schritt: Analyse der bisherigen Einzahlungsüberschüsse = Free Cash-Flows

Zur Ermittlung des nachhaltigen Ertrages der xyz GmbH wurden als Ausgangsdaten die laut den zur Verfügung gestellten Jahresabschlüssen ausgewiesenen Jahresüberschüsse verwendet.

Die laut den Jahresabschlüssen ausgewiesenen Ergebnisse sind zur Ermittlung des nachhaltigen Ertrages um nicht betriebsnotwendige und/oder außerordentliche Einflüsse zu korrigieren.

Angaben zur Ausschüttungspolitik bzw. zur Verwendung thesaurierter Beträge lagen nicht vor. Es wurde deshalb bei der Ermittlung des Ertragswertes der xyz GmbH eine Typisierung hinsichtlich der Ausschüttung der Gewinne vorgenommen.

Die Erfolgsentwicklung des Unternehmens in den vergangenen Jahren stellt sich wie folgt dar:

	2010	2011	2012	2013	2014
Jahresüberschuss	108.576	350.016	889.562	637.659	593.252
Abschreibungen	14.258	11.985	10.043	6.857	1.458
Beteiligungs-erträge	-30.600	-46.500	-22.600	-26.800	-
Erträge Abgang Finanzanlagen	-	-	-	-268.750	-
a.o. Erträge	-2.259	-4.354	-6.342	-1.696	-612
a.o. Aufwendungen	5.865	2.381	5.788	2.268	385
KSt. + GewSt	74.173	214.659	521.140	232.651	165.478
korrigiertes Ergebnis	**170.014**	**528.187**	**1.397.592**	**582.189**	**759.962**

Anhand der zur Verfügung gestellten Unterlagen konnte kein nicht betriebsnotwendiges Vermögen festgestellt werden. Somit waren die Ergebnisse der nicht um Aufwendungen bzw. Erträge des nicht betriebsnotwendigen Vermögens zu korrigieren.

3. Schritt: Prognose der zukünftigen Free Cash-Flows

Da zur Bewertung keine Planzahlen zur Verfügung gestellt worden sind, wurden im Rahmen des Ertragswertverfahrens die zukünftig zu erwartenden Gewinne mit Hilfe des Vergangenheitsergebnisses geschätzt. Das Vergangenheitsergebnis liegt anhand bereits erstellter Jahresabschlüsse vor. Aus diesem Grund wurde der durch die Vergangenheitsbereinigung ermittelte nachhaltige Ertrag als Grundlage für die Schätzung der zukünftigen Überschüsse verwendet.

Zur Schätzung der zukünftig zu erwartenden Gewinne wird dieses Vergangenheitsergebnis jedoch um nicht nachhaltige Erfolgsbestandteile bereinigt. Ziel dieser Bereinigung ist es, den Gewinn zu ermitteln, der innerhalb eines Jahres aus der gewöhnlichen Geschäftstätigkeit des Unternehmens erzielt wird. Periodenfremde und/oder außerordentliche und/oder nicht betriebliche Erträge und Aufwendungen stellen somit die nicht nachhaltigen Erfolgsbestandteile dar.

4. Schritt: Korrektur der Vergangenheitswerte

- Abschreibungen

  Die xyz GmbH hat die Vermögensgegenstände überwiegend linear abgeschrieben. Einige Vermögensgegenstände wurden jedoch geometrisch-degressiv abgeschrieben. Bei dieser Abschreibungsmethode werden in den ersten Jahren der Nutzungsdauer relativ hohe Abschreibungsbeträge angesetzt.

  Die geometrisch-degressiven Abschreibungsbeträge sind meist höher als die tatsächliche Abnutzung des Vermögensgegenstandes. Dies führt dazu, dass der so ermittelte Buchwert deutlich unter dem Zeitwert des betreffenden Vermögensgegenstandes liegt (= stille Reserven).

  Zur Ermittlung des nachhaltigen Ertrags wurden deshalb für die Vermögensgegenstände, die geometrisch-degressiv abgeschrieben worden waren, die jährlichen Abschreibungsbeträge sowie die Buchwerte mit Hilfe der linearen Abschreibung neu berechnet. Die Differenz zwischen den bilanziell ausgewiesenen Buchwerten und den ermittelten Buchwerten wurden als Korrekturen im Rahmen der Vergangenheitsbereinigung berücksichtigt.

- Beteiligungserträge und Erträge Abgang Finanzanlagen

  Im betrachteten Zeitraum veräußerte die xyz GmbH eine Unternehmensbeteiligung.

  Aus diesem Grund wurden der durch den Verkauf erzielte Gewinn sowie die jährlich erzielten Beteiligungserträge eliminiert.

- Außerordentliche Erträge und Aufwendungen

  Es ist davon auszugehen, dass es sich bei den außerordentlichen Erträgen und Aufwendungen nicht um Erträge und Aufwendungen handelte, die dem gewöhnlichen Geschäftsbetrieb der GmbH zuzurechnen sind. Sie wurden deshalb bei der Ermittlung des nachhaltigen Ertrags korrigiert.

- Körperschaftsteuer, Solidaritätszuschlag, Gewerbesteuer

  Die Ertragssteuern des Unternehmens sind bei der Berechnung des nachhaltigen Ertrags zu eliminieren. Diese Steuern werden dann nach der Berechnung des nachhaltigen Ertrags neu berechnet.

Aus diesen korrigierten Ergebnissen ergibt sich der folgende nachhaltige Ertrag:

Ermittlung des nachhaltigen Ertrags / Jahr	
korrigiertes Ergebnis 2010	170.014
korrigiertes Ergebnis 2011	528.187
korrigiertes Ergebnis 2012	1.397.592
korrigiertes Ergebnis 2013	582.189
korrigiertes Ergebnis 2014	759.962
Summe:	3.437.946
Durchschnittsergebnis p.a.	687.589
Gewerbesteuer (Messzahl 3,5 / Hebesatz 400%/ fiktiv)	-96.262
KSt und Soli (15,825%)	-108.811
Nachhaltiger Ertrag p.a.	**482.515**

Gemäß den zur Verfügung gestellten Abschlussunterlagen wies die xyz GmbH keine Vermögensgegenstände aus, die als nicht betriebsnotwendig einzustufen sind. Eine gesonderte Bewertung des nicht betriebsnotwendigen Vermögens war somit nicht erforderlich.

Bei der Ermittlung des objektivierten Unternehmenswerts ist von der Ausschüttung derjenigen finanziellen Überschüsse auszugehen, die aufgrund des Unternehmenskonzeptes zur Ausschüttung zur Verfügung stehen.

Die thesaurierungsbedingten Wertzuwächse unterliegen seit der Steuerreform 2008 unabhängig von der Haltedauer einer effektiven Veräußerungsgewinnbesteuerung (jedoch nur für die Anteile, die ab 2009 erworben werden).

Gemäß dem IDW Standard wird für die thesaurierten Beträge eine kapitalwertneutrale Verwendung angenommen. Die thesaurierten Beträge können deshalb unmittelbar als Wertbeitrag aus Thesaurierung den Anteilseignern zugerechnet werden. Aufgrund der kapitalwertneutralen Verwendung der thesaurierten Beträge entfällt die Veräußerungsgewinnbesteuerung.

Ertragswertverfahren

5. Schritt: Berechnung des Ertragswertes

(1) Festlegung des Kalkulationszinsfußes

Für die xyz GmbH wird eine Marktrisikoprämie in Höhe von 5,0% angesetzt, da es sich um ein kleineres Unternehmen handelt und die Ergebnisse in der Vergangenheit stark schwankten.

Für die xyz GmbH liegt kein Beta-Faktor vor. Unter der Annahme, dass die Entwicklung der GmbH im Wesentlichen von der allgemeinen wirtschaftlichen Entwicklung abhängt, wird Beta-Faktor von 1,0 herangezogen.

Aufgrund der in den Jahren 2010 bis 2014 aufgezeigten Entwicklungstendenzen wurde bei der Ermittlung des Kapitalisierungszinses kein Wachstumsabschlag berücksichtigt.

Der Kapitalisierungszinssatz errechnet sich somit wie folgt:

Ermittlung des Kapitalisierungszinssatzes		
Basiszins vor persönlichen Steuern		4,20%
abzgl. persönliche Steuern (26,375%)		1,10%
Basiszins nach persönlichen Steuern		**3,10%**
Marktrisikoprämie nach persönlichen Steuern	5,00%	
Beta-Faktor	1	
Risikozuschlag		**5,00%**
Kapitalisierungszins		**8,10%**

(2) Ermittlung des Ertragswerts:

Zur Ermittlung des Ertragswerts der xyz GmbH ist in einem ersten Schritt die Höhe der Ausschüttung zu prüfen. Angaben bezüglich der Thesaurierung der zukünftigen Gewinne lagen nicht vor. Gemäß IDW Standard ist in der sogenannten Phase II (ewige Rente) das Ausschüttungsverhalten des zu bewertenden Unternehmens typisierend dem Ausschüttungsverhalten der Alternativanlage anzupassen: Demnach ist hier eine Ausschüttungsquote von 50% anzusetzen (durchschnittliche Ausschüttungsquote deutscher börsennotierter Unternehmen).

In einem zweiten Schritt werden dann die persönlichen Steuern vom nachhaltigen Ertrag in Abzug gebracht. Aufgrund der Annahme einer kapitalwertneutralen Anlage der thesaurierten Beträge ist eine Veräußerungsgewinnbesteuerung nicht zu berechnen.

Für die ausgeschütteten Beträge wird der ab dem 01.01.2009 geltende Steuersatz von 25% zuzüglich Solidaritätszuschlag angesetzt.

Die Berechnung ist in der nachfolgenden Tabelle dargestellt:

Berechnung des Ertragswerts der xyz GmbH			
	Ausgangsbeträge	Steuern	Ertragswert
Nachhaltiger Ertrag	482.515		
Wertbeitrag aus Thesaurierung (Thesaurierung = 50%)	241.257	-	204.987
Wertbeitrag aus Ausschüttung (Ausschüttung = 50%) abzgl. persönlicher Steuern (26,375%)	241.257	-63.631	177.626
Nettoeinnahmen Anteilseigner			382.613
Kapitalisierungszins = 8,10%			
Ertragswert			4.723.634

Der Ertragswert der Schokolade Muster GmbH zum 01.01.2015 betrug somit 4.724.000 EUR (alle Zahlen gerundet).

Discounted Cash-Flow-Verfahren

In Deutschland wird auf dem Gebiet der Unternehmensbewertung traditionell das Ertragswertverfahren bevorzugt.

Seit einigen Jahren wird im Zuge von grenzüberschreitenden Unternehmenszusammenschlüssen und der Internationalisierung der Kapitalmärkte in Deutschland zunehmend das sog. Discounted Cash-Flow-Verfahren („DCF-Verfahren") für die Bewertung von Unternehmen herangezogen. Das Verfahren stammt ursprünglich aus der anglo- amerikanischen Bewertungspraxis und wird sowohl für die Unternehmensbewertung bei Transaktionen als auch für die wertorientierte Steuerung von Unternehmen eingesetzt.

Mit Hilfe des DCF-Verfahrens wird der Wert eines Unternehmens durch Diskontierung von Cash-Flows ermittelt:

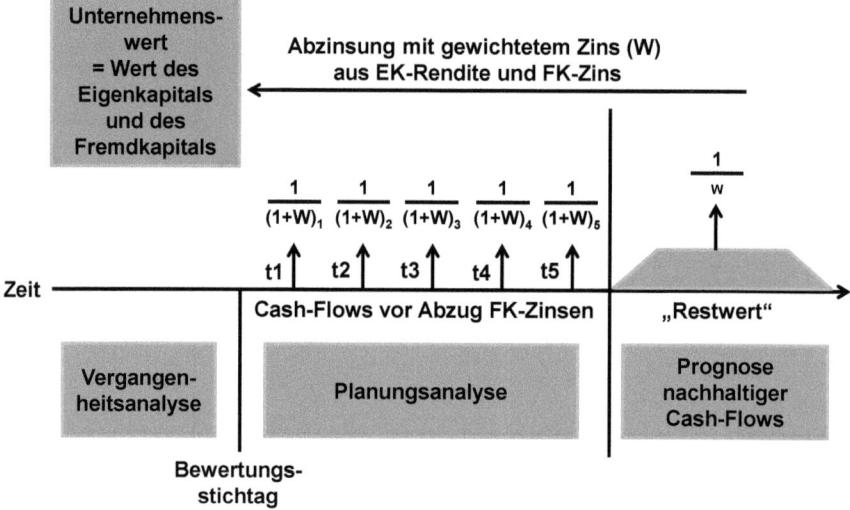

Darstellung Discounted Cash-Flow-Verfahren

Bei der DCF-Methode lassen sich grundsätzlich zwei Ansätze unterscheiden: die Bruttokapitalisierung und die Nettokapitalisierung.

Bei der Bruttokapitalisierung (Entity-Methode) wird zweistufig vorgegangen: Im ersten Schritt wird der Unternehmensgesamtwert durch Abzinsung der erwarteten Free Cash-Flows des zu bewertenden Unternehmens bestimmt. Der Unternehmensgesamtwert ist unabhängig von der Finanzierungsstruktur des Unternehmens (Eigenkapital, Fremdkapital) und repräsentiert sowohl die Ansprüche der Eigenkapitalgeber als auch die der Fremdkapitalgeber.

Discounted Cash-Flow-Verfahren

Um den Marktwert des Eigenkapitals – den eigentlichen Unternehmenswert – zu ermitteln, wird der Unternehmensgesamtwert im zweiten Schritt um den Marktwert des Fremdkapitals vermindert. Gängige Varianten der Bruttokapitalisierung sind der Ansatz der gewogenen durchschnittlichen Kapitalkosten (WACC-Ansatz), der Total Cash Flow-Ansatz (TCF-Ansatz) sowie der Adjusted Present Value-Ansatz (APV-Ansatz).

Bei der Nettokapitalisierung (Equity-Methode) wird der Wert eines Unternehmens in einem Schritt ermittelt. Die erwarteten, den Eigenkapitalgebern zustehenden Cash-Flows werden auf den Bewertungsstichtag mit Hilfe des Kapitalisierungszinses diskontiert. Als Kapitalisierungszins wird die risikoäquivalente Renditeforderung der Eigentümer zu Grunde gelegt. Grundsätzlich entspricht der Equity-Ansatz damit der Ertragswertmethode.

In der Praxis wird häufig das Konzept der gewogenen durchschnittlichen Kapitalkosten (Weighted Average Cost of Capital – oder WACC-Ansatz) für eine DCF-Bewertung herangezogen. Die folgenden Ausführungen konzentrieren sich daher auf die Erläuterung des WACC-Ansatzes.

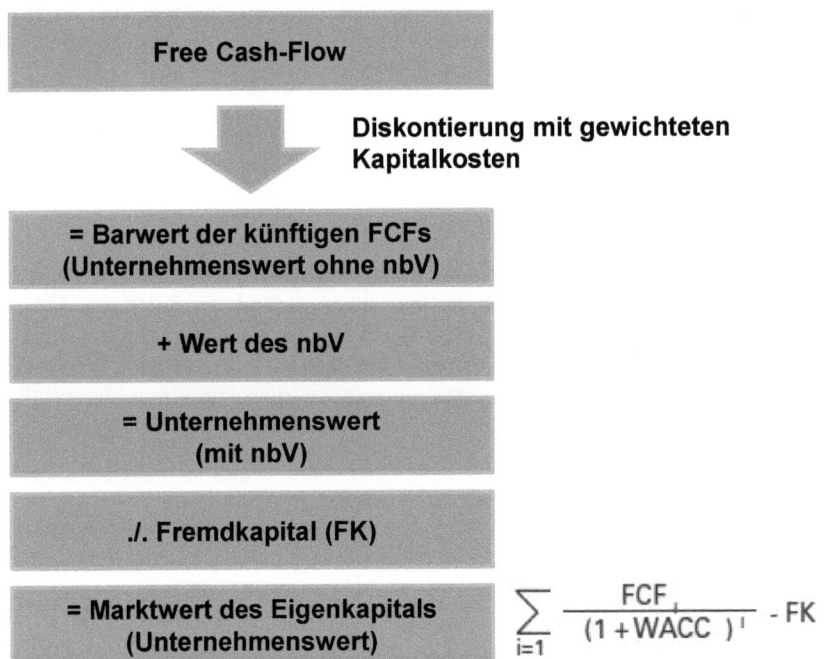

Ermittlung des Unternehmenswertes nach dem WACC-Ansatz

Discounted Cash-Flow-Verfahren

Bei Anwendung des WACC-Ansatzes wird der Unternehmensgesamtwert durch Diskontierung der periodenspezifischen Free Cash-Flows ermittelt. Verfügt das Bewertungsobjekt zudem über nicht betriebsnotwendiges Vermögen („nbV"), wird dieses gesondert bewertet und dem Unternehmensgesamtwert hinzugerechnet.

Als nicht betriebsnotwendiges Vermögen sind dabei Vermögensteile einzustufen, die ohne Beeinträchtigung des operativen Geschäftes und der eigentlichen Unternehmensaufgabe frei veräußert werden können (z.B. nicht genutzte Grundstücke und Gebäude, Freizeitanlagen).

Im nächsten Schritt ist der Marktwert des Fremdkapitals abzuziehen, um zum Wert des Unternehmens zu gelangen:

Der Cash-Flow ist grundsätzlich ein wichtiger Indikator für die Innenfinanzierungskraft und gleichzeitig für die gegenwärtige und künftige Ertragskraft sowie für die Ausschüttungsfähigkeit eines Unternehmens.

Beim WACC-Ansatz entspricht der Free Cash-Flow den Einzahlungsüberschüssen aus dem operativen Bereich des zu bewertenden Unternehmens nach Durchführung von vorteilhaften Investitionen in das Anlage- und Umlaufvermögen und vor Berücksichtigung der Finanzierung des Unternehmens. Es wird also eine vollständige Eigenfinanzierung des Bewertungsobjekts unterstellt.

Ermittlung der Free Cash-Flows

Der Free Cash-Flow kann direkt oder indirekt abgeleitet werden. Die Basis für die Ermittlung des Free Cash Flow ist die Plan-Gewinn- und Verlustrechnung sowie die Planbilanz des zu bewertenden Unternehmens.

Bei der direkten Berechnungsmethode werden zahlungswirksame Aufwendungen und Erträge jeder Periode saldiert. Bei der indirekten Methode wird der Free Cash-Flow aus dem Jahresüberschuss der Plan Gewinn- und Verlustrechnung durch Eliminierung aller zahlungsunwirksamen Buchungen und Berücksichtigung aller zahlungswirksamen, aber nicht ertrags- und aufwandswirksamen Geschäftsvorfälle abgeleitet.

Bei einer indirekten Ableitung aus dem Jahresüberschuss ergibt sich der Free Cash Flow bei unterstellter Eigenfinanzierung somit wie folgt:

=	Jahresüberschuss
+	Zinsen und ähnliche Aufwendungen
+/-	Abschreibungen/Zuschreibungen
+/-	Zuführung/Auflösung Rückstellungen
+/-	Zunahme/Abnahme aktivischer Rechnungsabgrenzungsposten
+/-	Zunahme/Abnahme passivischer Rechnungsabgrenzungsposten
+/-	Zunahme/Abnahme des Bestands liquider Mittel
-	Investitionen in immaterielle Vermögensgegenstände
-	Investitionen in das Sachanlagevermögen
-	Investitionen in das Finanzanlagevermögen
+/-	Zunahme/Abnahme des Working Capitals
=	**Operativer Einzahlungsüberschuss**
-	Unternehmensteuerersparnis wegen anteiliger Fremdfinanzierung
=	**Free Cash Flow**

Ausgangsbasis für die Ermittlung der Free Cash-Flows sind Planungen für die dem Bewertungsstichtag folgenden drei bis fünf Geschäftsjahre, bestehend aus aufeinander abgestimmten Bilanzen, Gewinn- und Verlustrechnungen sowie Kapitalflussrechnungen. Im Anschluss an diese Planungsphase wird in eine nachhaltige Unternehmensphase – die so genannte ewige Rente – übergegangen.

In der ewigen Rente wird unterstellt, dass sich die Vermögens-, Finanz- und Ertragslage des zu bewertenden Unternehmens im oder Beharrungszustand befindet und sich die jährlichen Free Cash-Flows nicht mehr verändern.

Um eine ausreichend aussagekräftige Bewertungsbasis zu erhalten, sind die der Bewertung zu Grunde liegenden Planungsrechnungen des Unternehmens in ausreichendem Umfang einer Plausibilitätsprüfung zu unterziehen. Dies gilt insbesondere

Discounted Cash-Flow-Verfahren

auch für die ewige Rente, da diese in der Regel 70 Prozent bis 90 Prozent des Unternehmenswertes bestimmt.

Wesentliche Arbeitsschritte im Rahmen der Plausibilitätsprüfung bei einer Unternehmensbewertung sind:

- Abgleich der geplanten Free Cash-Flows mit in der Vergangenheit erzielten Free Cash-Flows sowie Identifizierung und Erklärung von wesentlichen Schwankungen und uneinheitlichen Entwicklungen,
- gegebenenfalls Bereinigung vergangener Free Cash-Flows um außerordentliche Effekte,
- Analyse der Planungsprämissen (z.B. Umsatzwachstum, Aufwandsquoten, Investitionsquoten),
- Abgleich der Planung mit den aktuellen und erwarteten Marktentwicklungen,
- Analyse der Qualität der zu Grunde liegenden Planung:
  - Untersuchung des Planungswesens und des Planungsinstrumentariums,
  - Analyse von Plan-Ist-Abweichungen in der Vergangenheit und Abgleich von Plan-Ist-Zahlen im laufenden Geschäftsjahr.

Die Plausibilitätsprüfung nimmt bei Bewertungsarbeiten in der Regel einen hohen Anteil des gesamten Zeitbedarfs ein. Auf diese Weise können die Chancen und Risiken der erwarteten Rückflüsse im Bewertungsmodel ausreichend berücksichtigt und Unternehmenswerte für verschiedene Szenarien errechnet werden.

Grundsätzlich gilt, dass die Qualität der Unternehmensbewertung ganz maßgeblich von den in die Bewertung eingehenden Daten und von der Sorgfalt bei der Wahl der Bewertungsprämissen bestimmt wird.

Ableitung des gewogenen Kapitalkostensatzes

Zur Diskontierung der Free Cash-Flows werden beim WACC-Ansatz die sogenannten gewogenen Kapitalkosten herangezogen. Die gewogenen Kapitalkosten lassen sich als Summe aus den gewichteten Eigen- und Fremdkapitalkosten darstellen. In den gewogenen Kapitalkosten wird zusätzlich der Vorteil der steuerlichen Abzugsfähigkeit der Fremdkapitalzinsen (das sog. Tax Shield) berücksichtigt.

Die gewogenen Kapitalkosten ergeben sich vor Steuern wie folgt:

$$WACC = r_E \times (E/V) + r_D \times (D/V)$$

Dabei gilt:

r_E = Eigenkapitalkosten

E = Marktwert des Eigenkapitals

V = Unternehmensgesamtwert

r_D = Fremdkapitalkosten

Die Eigenkapitalkosten berechnen sich aus der Summe eines (quasi) risikolosen Basiszinssatzes zuzüglich einer unternehmensindividuellen Risikoprämie:

$$r_E = r_F + (r_M - r_F) \times \beta$$

Dabei gilt:

r_E	= Eigenkapitalkosten
r_F	= risikoloser Basiszins
$(r_M - r_F) \times \beta$	= Risikoprämie
r_M	= Marktrendite
$(r_M - r_F)$	= Marktrisikoprämie
β	= Betafaktor

Der risikolose Basiszinssatz wird in der Regel aus dem Zinssatz öffentlicher, inländischer Anleihen mit einer festen Laufzeit von zehn oder mehr Jahren abgeleitet. Gemäß der Empfehlung des Arbeitskreises für Unternehmensbewertung des IDW kann der Basiszins für den gesamten Planungszeitraum gegenwärtig mit 5,5 Prozent angesetzt werden.

Für die Ableitung der Risikoprämie wird in der Regel auf das sogenannte Capital Asset Pricing Model (CAPM) zurückgegriffen. Bei der Ermittlung der Risikoprämie wird zwischen dem unsystematischen Risiko und dem systematischen Risiko unterschieden.

Das unsystematische Risiko kann ein einzelner Investor grundsätzlich durch Diversifikation seines Portefeuilles aus unterschiedlichsten Anlagen (z.B. Aktien) reduzieren.

Folglich wird eine Risikoprämie nur für das systematische, dem nicht durch Diversifikation zu beseitigenden, allgemeinen Marktrisiko (Marktrisikoprämie) bezahlt. Das systematische Risiko wird über den sog. Beta-Faktor gemessen.

Der Beta-Faktor gibt den Risikobeitrag einer Investitionsmöglichkeit (z.B. Aktie) im Vergleich zu dem allgemeinen Marktrisiko wieder. Ein Beta-Faktor größer Eins bedeutet, dass das Risiko der zu bewertenden Investition größer als das Marktrisiko

Discounted Cash-Flow-Verfahren

ist und die Rendite der Investition stärker als die Marktrendite schwankt; ein Beta-Faktor kleiner Eins bedeutet dementsprechend, dass die Rendite der Investition weniger als die Marktrendite schwankt und das Risiko somit kleiner als das Marktrisiko ist.

Der Beta-Faktor lässt sich aus Daten des Kapitalmarktes durch lineare Einfachregression ableiten. Bereits berechnete Beta-Faktoren lassen sich z.B. aus dem Kursteil von börsenorientierten Tageszeitungen ablesen. Die Daten werden auch von Finanzinformationsdienstleistern zur Verfügung gestellt.

Bei der Bewertung nicht-börsennotierter Unternehmen können Beta-Faktoren in der Regel nur anhand von börsennotierten Vergleichsunternehmen (Peer-Group) gewonnen werden. Diese Vergleichsunternehmen entsprechen im Idealfall dem zu bewertenden Unternehmen hinsichtlich der operativen Tätigkeit, dem Geschäftsumfang und der Kapitalstruktur. Dieser Idealzustand wird allerdings selten auftreten,

so dass Korrekturen der gewonnen Vergleichsdaten erforderlich sind. Eine besondere Schwierigkeit ist dabei, dass die auf dem Kapitalmarkt beobachtbaren Beta-Faktoren aus verschuldeten Unternehmen resultieren und die für die Bewertung eines nicht-börsennotierten Unternehmens maßgebliche Kapitalstruktur (Finanzierungsrisiko) in der Regel nicht mit der Kapitalstruktur börsennotierter Vergleichsunternehmen übereinstimmt.

Um nun eine risikoäquivalente Alternativrendite (die Eigenkapitalkosten) ermitteln zu können, ist das im Beta-Faktor enthaltene Finanzierungsrisiko der Vergleichsunternehmen an die Kapitalstruktur des zu bewertenden Unternehmens anzupassen.

Durch Multiplikation des Beta-Faktors mit der Marktrisikoprämie ergibt sich die unternehmensindividuelle Risikoprämie. Folglich muss neben der Bestimmung des Beta-Faktors die Marktrisikoprämie abgeleitet werden. Für eine Schätzung der künftig erwarteten Risikoprämie wird auf die historische Differenz zwischen einem Aktienindex und der Rendite (quasi) risikoloser Kapitalmarktanlagen zurückgegriffen.

Umfassende empirische Untersuchungen für den deutschen Kapitalmarkt haben gezeigt, dass Investitionen in Aktien in der Vergangenheit durchschnittlich zwischen drei Prozent und sechs Prozent höhere Renditen erzielten als Investitionen in quasi risikofreie Anlagen.

Die Fremdkapitalkosten errechnen sich als gewogener durchschnittlicher Kostensatz der einzelnen zinstragenden langfristigen Verbindlichkeiten des zu bewertenden Unternehmens. Die Berücksichtigung zusätzlicher Kapitalkostenbestandteile kann auf Grund unterschiedlichster Finanzierungsformen (hybride Finanzierungen, Pensionsrückstellungen, Leasing) erforderlich werden. Diese sind im Einzelfall eingehend auf mögliche Zahlungswirkungen und die Verursachung von Kapitalkosten zu analysieren und können den Zeitbedarf für die Durchführung von Unternehmensbewertungen deutlich erhöhen. Gegebenenfalls sind zusätzliche Prognoserechnungen von Versicherungsmathematikern als Grundlage für die Bewertung von Pensionsverpflichtungen einzuholen.

Im Ergebnis errechnet sich der gewogene gewichtete Kapitalkostensatz durch die Gewichtung der Eigenkapitalkosten mit der Eigenkapitalquote und der Fremdkapitalkosten mit der Fremdkapitalquote. Um den gewogenen gewichteten Kapitalkostensatz zu bestimmen, muss jedoch die in Marktwerten gemessene Kapitalstruktur bekannt sein.

Bei einer Gegenüberstellung des Ertragswertverfahrens und des WACC-Ansatzes lässt sich zunächst feststellen, dass beide Bewertungsansätze konzeptionell auf der gleichen Grundlage – der Ermittlung des Unternehmenswertes anhand der Kapitalwertmethode – basieren.

Im Grundmodell des DCF-Verfahrens werden in der Regel ausschließlich die Wirkungen der Unternehmenssteuern bei der Bewertung berücksichtigt, während die Steuerwirkungen auf Ebene des Anteilseigners nicht einbezogen werden.

In Deutschland geht demgegenüber grundsätzlich – sowohl bei Anwendung des Ertragswertverfahrens als auch beim DCF-Verfahren nach IDW S 1 – die persönliche Einkommensteuer des Investors in die Bewertung ein.

Ein weiterer Unterschied zum Grundmodell ist, dass bei der Anwendung des WACC-Ansatzes auf deutsche Unternehmen die handelsrechtliche Ausschüttungsfähigkeit zu prüfen ist. Zusätzlich sind die Finanzierbarkeit der Ausschüttung aus dem Bestand an Finanzmitteln des Unternehmens sowie die Rückwirkungen auf die Bilanzplanung zu prüfen.

Das DCF-Verfahren und das Ertragswertverfahren lassen sich bei der entsprechenden Ausgestaltung der in das Modell eingehenden Bewertungsprämissen ineinander überführen. Auch hier zeigt sich die Gleichwertigkeit der Methoden. Die Wahl zwischen der DCF-Methode und der Ertragswertmethode hat somit bei gleichen Prämissen im Prinzip keinen Einfluss auf das Bewertungsergebnis.

Die Entscheidung für eine der Bewertungsmethoden sollte daher von dem Adressatenkreis und dem Zweck der Bewertung abhängig gemacht werden.

Discounted Cash-Flow-Verfahren

Fallbeispiel für die Anwendung DCF-Verfahren

Ausgangssituation

Die Beispiel GmbH ist ein mittelständisches Unternehmen das sich auf die Entwicklung und Fertigung von medizinischen Geräten spezialisiert hat. Es beschäftigt 46 Mitarbeiter und verfügt über einen Jahresüberschuss von 1,2 Mio. Euro sowie einen Umsatz von 20,8 Mio. Euro. Für das Unternehmen soll der Unternehmenswert nach dem DCF-Verfahren (WACC-Ansatz) berechnet werden:

Schritte der Unternehmensbewertung

1. Schritt: Beschreibung des Bewertungsobjektes

Für die Beispiel GmbH liegt folgende Bilanz und GuV 2014 vor:

Aktiva		Passiva	
A. Anlagevermögen		A. Eigenkapital	
I. Immaterielle Vermögensgegenstände		I. Stammkapital	878
		II. Gewinnrücklagen	680
1. Konzessionen/ Schutzr.	79	III. Jahresüberschuss	1.214
2. Geschäfts-/ Firmenwert	58	B. Rückstellungen	
II. Sachanlagen		1. Steuerrückstellungen	119
1. Grundstücke/ Gebäude	2.459	2. Sonstige Rückstellungen	332
		C. Verbindlichkeiten	
2. Anlagen/ Maschinen	10	1. Bankverbindlichkeiten	4.373
3. BGA	540	2. Verbindl. aus LuL	871
B. Umlaufvermögen		3. Sonstige Verbindlichkeiten	5
I. Fertige Erzeugnisse und Waren	1.853		
II. Forderungen und sonstige Vermögensgegenstände			
1. Forderungen aus LuL	2.227		
2. Sonstige Vermögensgegenstände	907		
III. Kassenbestand/ Bankguthaben	271		
C. Rechnungsabgrenzung	68		
Summe	8.472	Summe	8.472

1. Umsatzerlöse	20.786
2. Erhöhung des Bestands an fertigen und unfertigen Erzeugnissen	95
3. Gesamtleistung	**20.881**
4. Sonstige betriebliche Erträge	
A. Sonstige ordentliche Erträge	89
B. Erträge aus der Auflösung von Rückstellungen	10
C. Erträge aus der Aufl. von Sonderposten mit Rücklageanteil	300
D. Sonstige Erträge im Rahmen der gewöhnl. Geschäftstätigkeit	1
5. Materialaufwand	
A. Aufwendungen für Roh-, Hilfs- und Betriebsstoffe und für bezogene Waren	13.308
B. Aufwendungen für bezogene Leistungen	35
6. Personalaufwand	
A. Löhne und Gehälter	1.331
B. Soziale Abgaben und Aufwendungen für Altersversorgung	268
7. Abschreibungen auf immaterielle Vermögensgegenstände des AV und Sachanlagen	233
8. Sonstige betriebliche Aufwendungen	
A. Ordentliche betriebliche Aufwendungen	4.267
B. Verluste aus Wertminderungen und aus dem Abgang von Gegenständen des UV und Einstellung in die Pauschalwertberichtigung	162
C. Sonstige Aufwendungen im Rahmen der gewöhnlichen Geschäftstätigkeit	2
9. Sonstige Zinsen/ ähnliche Erträge	9
10. Zinsen/ ähnliche Aufwendungen	227
11. Ergebnis der gewöhnlichen Geschäftstätigkeit	**1.457**
12. Steuern vom Einkommen und vom Ertrag	242
13. Sonstige Steuern	1
14. Jahresüberschuss	**1.214**

Discounted Cash-Flow-Verfahren

3. Schritt: Prognose der zukünftigen Free Cash-Flows

Für die Geschäftsjahre 2015-2019 liegen entsprechende Planungen vor.

Bei den prognostizierten Geschäftsjahren müssen keine Bereinigungsgrößen berücksichtigt werden, da diese bereits in der jeweiligen Planvorhersage bedacht wurden.

4. Schritt: Korrektur der Vergangenheitswerte

Basierend auf dem Jahresüberschuss von 1.214 T-Euro, addiert man nun, den mit den Zinserträgen saldierten Zinsaufwand von 218 T€ (227 T-Euro – 9 T-Euro) und den Steueraufwand von 243 T-Euro hinzu.

Die Abschreibungen von 233 T-Euro und, die im Personalaufwand erfassten Pensionsrückstellungen in Höhe von 6 T-Euro, werden durch Addition neutralisiert.

Zu den Bereinigungsgrößen können dem Free Cash- Flow des Ist- Jahresabschlusses 195 T-Euro€ abgezogen werden, die sich wie folgt zusammensetzen:

- + 90 T-Euro bewertungsbedingte höhere Verluste aus dem Abgang von Vermögensgegenständen (neutraler Aufwand)
- + 45 T-Euro betriebsfremde Aufwandsteile der ordentlichen betrieblichen Aufwendungen (neutraler Aufwand)
- - 300 T-Euro periodenfremde Erträge aus der Auflösung von Sonderposten mit Rücklageanteil (neutraler Ertrag)
- - 10 T-Euro aus der periodenfremden Auflösung von Rückstellungen (neutraler Ertrag)
- - 20 T-Euro zusätzlicher kalkulatorischer Unternehmerlohn, weil für den geschäftsführenden Gesellschafter lediglich etwa 30 T-Euro als Aufwand für das Geschäftsführergehalt angesetzt wurden (kalkulatorische Kosten)

Unter Berücksichtigung dieser Korrekturen wird nun der Bereinigte Free Cash-Flow ermittelt:

Discounted Cash-Flow-Verfahren

	Ist 2014	Plan 2015	Plan 2016	Plan 2017	Plan 2018	Plan 2019
Jahresüberschuss	1.214	1.581	1.623	1.666	1.709	1.754
+ Zinsaufwand	227	227	227	227	227	227
- Zinsertrag	9	-	-	-	-	-
+ Steueraufwand	243	243	243	243	243	243
= EBIT	**1.675**	**2.051**	**2.093**	**2.136**	**2.179**	**2.224**
+ Abschreibungen	223	250	250	250	250	250
+ Pensionsrückst.	6	-	-	-	-	-
= Brutto Cash- Flow	**1.914**	**2.301**	**2.343**	**2.386**	**2.429**	**2.474**
- Steueraufwand	243	243	243	243	243	243
- Investitionen	233	250	250	250	250	250
- Erhöhung Working Capital	-	-	-	-	-	-
+ Liquide Mittel	271	-	-	-	-	-
= Free Cash- Flow	**1.709**	**1.808**	**1.850**	**1.893**	**1.936**	**1.981**
+ Neutrale Aufw.	135	-	-	-	-	-
- Neutrale Erträge	310	-	-	-	-	-
- Kalkul. Kosten	20	-	-	-	-	-
= „Bereinigter Free Cash- Flow"	**1.514**	**1.808**	**1.850**	**1.893**	**1.936**	**1.981**

5. Schritt: Berechnung des Ertragswertes

(1) Festlegung des Kalkulationszinsfußes

Der gewichtete Abzinsungssatz (WACC), ergibt sich aus den nachfolgenden fiktiven Größen:

Ermittlung des Kapitalisierungszinssatzes	
Kreditzinsen für Darlehen und Kontokorrentkredite	12,5%
Ertragssteuersatz	35%
Fremdkapitalanteil (GK / FK)	70%
Verzinsung einer Bundesobligation	3,6%
Marktprämie	6%
Beta- Faktor	1,3
Eigenkapitalanteil (GK/ EK)	30%
Kapitalisierungszins (Kapitalkosten, WACC)	**9,1 %**

Die Kreditzinsen werden, mittels der Konditionen des bestehenden Kreditengagements bei den Banken, als ein durchschnittlich ermittelter Zinssatz verwendet.

Bei der Bewertung von nicht gelisteten mittelständischen Unternehmen, wie der Beispiel GmbH, wird normalerweise, je nach individueller Risikoeinschätzung, ein Beta- Faktor von 1,0 bis 1,6 zugrunde gelegt, im Beispiel: 1,3.

(2) Ermittlung des Unternehmenswerts:

Die bereinigten Cash- Flow Größen der jeweiligen Planjahre werden, anhand des oben errechneten Abzinsungssatzes WACC in Höhe von 9,1%, auf den Bewertungsstichtag abgezinst. Die Summe der bereinigten Barwerte beträgt 7.317 T-Euro.

Bei der Festlegung des Restwertes (Residualwert), ist es üblich, einen Werteabschlag vorzunehmen, um mögliche Prognoseunsicherheiten bei der Berechnung der ewigen Rente etwas abzuschwächen. Der letzte vorhergesagte Wert der Planperiode 2019 wird für den Restwert deshalb mit einem Werteabschlag von 20 % versehen.

Der Barwert, des bereits mit den 20% verringerten Restwerts (1.585 T-Euro), wird als nächstes ermittelt. Er beträgt 11.269 T-Euro.

Somit ergibt sich für die Beispiel GmbH ein Brutto-Unternehmenswert von 18.856 T-Euro.

Nach Abzug der Verbindlichkeiten sowie der Addition der liquiden Mittel, wird der gesuchte Wert des Eigenkapitals (Unternehmenswert) mit 14.5 Mio. Euro taxiert.

	Ist 2014	Plan 2015	Plan 2016	Plan 2017	Plan 2018	Plan 2019	Rest-wert	Unter-nehmens-wert
Berei-nigter FCF	1.514	1.808	1.850	1.893	1.936	1.981	1.585	
Bar-werte	-	1.657	1.554	1.458	1.366	1.282	11.269	
Kumu-lierte Bar-werte	-	1.657	3.211	4.669	6.035	7.317		**18.586**
Brutto- Unternehmenswert:								18.586
- Zinstragendes Fremdkapital (lt. GuV):								4.373
+ Liquide Mittel (lt. GuV):								271
= Netto- Unternehmenswert:								**14.484**

Die Anwendung des DCF-Verfahrens nach dem WACC-Ansatz kommt schließlich zu einem stichtagsbezogenen gerundeten Unternehmenswert von 14.5 Mio. Euro.

Kombination verschiedener Gesamtbewertungsverfahren

Auch mit einer Kombination von unterschiedliche Bewertungsmethoden lässt sich der Wert eines Unternehmens ermitteln lässt. Wichtig ist nur, dass sich ein Bewertender irgendwann für eine Bewertung entscheidet.

Dazu das nachfolgende Beispiel:

Die Werte der folgenden Tabelle stellen die Basis für die unterschiedlichen Methoden dar. Aus Vereinfachungsgründen wird unterstellt, dass es keine Veränderung von Umlaufvermögen, Rückstellungen und Schulden gibt. Steuerliche Aspekte werden nicht berücksichtigt.

Ausgangsbasis (alle Werte in T-Euro)						
	IST 2012	IST 2013	IST 2014	Plan 2015	Plan 2016	Plan 2017
Umsatzerlöse	4.500	4.200	5.000	5.250	5.513	5.788
Betriebliche Kosten	-4.267	-4.057	-4.717	-4.953	-5.200	-5.460
EBIT (Betriebsergebnis)	**233**	**143**	**283**	**297**	**312**	**328**
+ Korrektur Geschäftsführer-Gehalt	40	40	40	40	40	40
– Miete Bürogebäude, Grundstück	-80	-82	-83	-85	-87	-88
Bereinigter EBIT	**193**	**101**	**240**	**252**	**266**	**280**
+ Abschreibungen	315	294	305	368	386	405
– Investitionen	-305	-200	-300	-390	-410	-435
– Zinsergebnis	-105	-94	-110	-110	-115	-120
Vereinfachter Cash-Flow vor Steuern	**98**	**101**	**135**	**120**	**127**	**130**

Ein einem ersten Schritt wird der Unternehmenswert nach dem Ertragswertverfahren ermittelt (alle Werte in T-Euro):

Kombination verschiedener Gesamtbewertungsverfahren

Jahr	Kalkulations-zinsfuß	Abzinsungs-faktor	Cash-Flow	Barwert
2011	11%	0,901	120	108
2012	11%	0,812	127	103
2013	11%	0,731	130	95
2014 ff.	11 %	6,630[1]	130	862[2]
Unternehmenswert ohne Berücksichtigung von Steuern				1.168

Zusätzlich wird der Unternehmenswert nach dem Multiplikatoransatz ermittelt (alle Werte in T-Euro):

Durchschnittlicher EBIT 2008 bis 2013	222
Branchen-Multiplikator	6
Brutto-Unternehmenswert	1332
– Nettofinanzverbindlichkeiten (Bankschulden + Gesellschafter-darlehen - liquide Mittel)	- 800
Unternehmenswert ohne Berücksichtigung von Steuern	532

Im Vorfeld einer Bewertung ist eine detaillierte Firmenanalyse (Due Diligence) üblich. Ziel ist es, damit die Stärken und Schwächen sowie Chancen und Risiken des Unternehmens zu bewerten.

Dabei wird ein Inventar aufgestellt oder vom Unternehmen zur Verfügung gestellt, um das Privat- vom Betriebsvermögen abzugrenzen. Es muss alle betriebsnotwendigen Vermögensgegenstände umfassen. Im Beispiel befinden sich Grundstücke

---

[1] Faktor für die ewige Rente

[2] Berechnung des „ewigen Barwertes = 130/ (0,11*(1,11) 3)

Kombination verschiedener Gesamtbewertungsverfahren

und Gebäude im Privatvermögen des Gesellschafters, sie sollen künftig jedoch an das Unternehmen verpachtet oder vermietet werden. Deshalb sind entsprechende Mietzahlungen in die Zukunftsprognose aufzunehmen. Eine Analyse der Geschäftsführerbezüge zeigt, dass der bisherige Geschäftsführer sich ein Gehalt von 160.000 Euro auszahlte – es wird in dem Beispiel unterstellt, dass es das angemessene Geschäftsführergehalt vergleichbarer Unternehmen um 40.000 Euro übersteigt. Die Zukunftsprognose ist deshalb entsprechend anzupassen.

Aus den Ist-Zahlen der Gewinn- und Verlustrechnung (GuV) für die Jahre 2008 bis 2010 wird in dem gezeigten Beispiel eine Plan-GuV mit praxisorientierten Prämissen bezüglich der Umsatz- und Kostenentwicklung für die Jahre 2011 bis 2013 aufgestellt. Der EBIT für die Jahre 2011 bis 2013 wird um das zu hohe Geschäftsführergehalt sowie die bisher nicht berücksichtigte Miete für Bürogebäude und Grundstück korrigiert. Das ergibt den „bereinigten EBIT". Und da ein Ertragswertverfahren angewendet wird, das sich am Cash-Flow orientiert, wird der EBIT noch um die Abschreibungen, die Investitionen und um das Zinsergebnis korrigiert.

Der in dem Beispiel ausgewiesene „Vereinfachte Cash-Flow vor Steuern" zeigt die erwarteten liquiden Überschüsse vor Steuern für die Prognosejahre 2011 bis 2013, die nun in die Berechnung des Ertragswertes eingehen.

Ferner wird in dem Beispiel ein Kalkulationszinsfuß oder eine gewünschte Verzinsung einschließlich Risikozuschlag von 11% angenommen:

- angenommene Verzinsung für langfristige Staatsanleihen: 3,5%
- allgemeiner Risikozuschlag: 5%
- individueller Risikozuschlag: 2,5%.

Für die Jahre 2013 und später wird vereinfacht ein konstanter Cash-Flow von 130.000 Euro unterstellt. Nach der Ertragswertformel für die „ewige Rente" lässt sich der Barwert ab dem Jahr 2014 sowie für die folgenden Jahre ableiten – im Beispiel sind das 862.000 Euro. Teilt man den „ewigen Barwert" durch den „ewigen Cash-Flow" von 130.000 Euro, erhält man den Multiplikator für die „ewige Rente", im Beispiel ergibt sich ein Multiplikator von 6,630. Der errechnete Unternehmenswert beträgt in dem Beispiel damit 1.168.000 Euro.

Als Alternative zum Ertragswertverfahren auf Basis einer ewigen Rente bietet sich das Staffelverfahren an, bei dem die in der Zukunft erwarteten Gewinne zeitlich befristet, aber mit unterschiedlich hohen Zinssätzen abgezinst werden.

Allerdings ist die Bestimmung des Prognosehorizonts sowie die zeitliche Staffelung der Zinssätze dafür schwierig, sinnvoller ist die Berechnung nach dem Multiplikatorverfahren. Hier dient der durchschnittliche EBIT der Jahre 2008 bis 2013 als Berechnungsbasis, der in dem Beispiel mit dem Branchen-Multiplikator 6 vervielfältigt wird. Der dabei entstehende Brutto-Firmenwert muss dann um die angenommenen Verbindlichkeiten (Bankschulden, Gesellschafterdarlehen, liquide Mittel) gekürzt werden, weil – anders als im Ertragswertverfahren – als Berechnungsbasis ein Wert vor Zinsergebnis unterstellt wurde. Das Ergebnis ist ein Unternehmenswert von 532.000 Euro.

Hinweis: Die negative Abweichung zum Firmenwert gemäß Ertragswertverfahren resultiert aus den positiven Zukunftserwartungen für 2011 und die Folgejahre. Die niedrigeren Werte der Jahre 2008 bis 2010 fließen nicht in die Berechnung nach dem Ertragswertverfahren ein, nach dem sich daher ein höherer Firmenwert errechnet. Das Multiplikatorverfahren rechnet hingegen mit einem EBIT-Durchschnittswert, der sich aus den Ist-Werten der Jahre 2008 bis 2010 sowie aus den Planwerten der Jahre 2011 bis 2013 ergibt.

Nachdem der Unternehmenswert berechnet wurde, ist noch zu prüfen, ob die ermittelten Werte nicht den Liquidationswert als Wertuntergrenze unterschreiten, ebenso ob sie über dem Reproduktionswert (Kosten des kompletten Neuaufbaus eines Unternehmens) als Wertobergrenze des Unternehmenswertes liegen.

Fazit:

Die unterschiedlichen Ergebnisse des Ertragswert- und des Multiplikatorverfahrens zeigen, dass es den „einzig richtigen" Unternehmenswert nicht gibt. Denn unterschiedliche Bewertungsverfahren ergeben unterschiedliche Unternehmenswerte. Auch können unterschiedliche Annahmen in den Bewertungsverfahren zu unterschiedlichen Ergebnissen führen. Ziel der Bewertungsmodelle sollte es deshalb sein, einen Bewertungskorridor als Verhandlungsbasis zu ermitteln. Nach den Erfahrungen der Unternehmensberatung Hertzog & Partner eignet sich dafür das Ertragswertverfahren auf der Basis eines vereinfachten Cash-Flows ergänzt um das Multiplikatorverfahren.

Zusätzlich spielen bei solchen Bewertungen auch qualitative Faktoren wie Fähigkeiten des Managements, der Kundenstamm, Schwächen im Rechnungswesen, Verträge oder auch fehlende Netzanbindung eine Rolle. Diese Faktoren werden in der Due Diligence analysiert und in die Bewertungsargumentation eingebracht.

Grundlagen für die Gesamtbewertungsverfahren

Vorgehensweise zur Ermittlung eines Unternehmenswertes

Für die Ermittlung des Unternehmenswertes anhand des Ertragswertverfahrens bzw. des Discounted Cashflow-Verfahrens werden die zukünftigen finanziellen Überschüsse aus der Unternehmensplanung, v.a. aus Plan-Gewinn- und Verlustrechnungen abgeleitet.

Die Vorgehensweise bei einer Bewertung gliedert sich in die folgenden Schritte:

- Analyse der Vergangenheitsergebnisse und Bereinigung um einmalige Sondereffekte.
- Plausibilisierung der zukünftigen finanziellen Überschüsse anhand der Vergangenheitsanalyse sowie anhand des Markt- und Wettbewerbsumfeldes.
- Diskontierung der zukünftigen finanziellen Überschüsse.
- Ggf. separate Bewertung nicht betriebsnotwendiger Vermögenswerte (z.B. betrieblich nicht genutzte Grundstücke und Gebäude).

Als Grundlage für die Prognose werden in einem ersten Schritt die Vergangenheitsergebnisse analysiert und um einmalige und außergewöhnliche, also nicht prognosefähige Ereignisse bereinigt. Ziel hierbei ist, eine Ausgangsbasis für die Planung zu erhalten.

Im zweiten Schritt sind die zukünftigen finanziellen Überschüsse zu plausibilisieren. In der Regel stellen die zu bewertenden Unternehmen eine mehrjährige Geschäftsplanung zur Verfügung. Bei der Plausibilisierung dieser Planung sind neben den Unternehmensgegebenheiten auch Einflussfaktoren aus der Umwelt des Unternehmens wie die Branchen- und die Marktsituation sowie deren Entwicklung zu berücksichtigen.

Schließlich erfolgt die Diskontierung der geplanten Nettoeinnahmen mit dem Kapitalisierungszinssatz. Grundsätzlich repräsentiert der Kapitalisierungszinssatz die Rendite einer zur Investition in das zu bewertende Unternehmen adäquaten Alternativanlage.

Wesentliche Anhaltspunkte für einen aussagekräftigen Unternehmenswert

Eine Unternehmensbewertung kann mit einem sehr unterschiedlichen Detaillierungsgrad ausgeführt werden. Folgende Aspekte spielen für den Aussagegehalt eines Unternehmenswertes eine wichtige Rolle:

- Bewertungsstichtag

    Der Wert eines Unternehmens wird für einen konkreten Zeitpunkt ermittelt. Dies bedeutet auch, dass der Unternehmenswert immer nur einen bestimmten Kenntnisstand berücksichtigen kann und folglich die für verschiedene Bewertungszeitpunkte ermittelten Unternehmenswerte nicht übereinstimmen müssen.

- Bewertungsanlass

    Das Vorgehen bei einer Bewertung richtet sich grundsätzlich nach dem Bewertungsanlass. Dieser muss daher vom Auftraggeber der Bewertung genau definiert werden. Die Ausrichtung der Bewertung hat einen wesentlichen Einfluss auf die Wahl der Prämissen und damit auf den Wert.

- Dokumentation der Prämissen und Vorgehensweise

    Um die Einflussgrößen auf einen Wert ausreichend transparent darzustellen, gehört zu einer ordnungsgemäßen Unternehmensbewertung immer die Dokumentation der Prämissen und der gewählten Vorgehensweise durch den Bewertenden.

    Das bedeutet aber auch, dass der Projektinitiator seine Prämissen für seine Planungen offenlegt.

- Plausibilität, v.a. der Planung, Abgleich mit Vergangenheitsdaten

    Die in die Bewertung eingehenden Daten, insbesondere die vom Unternehmen erstellte Planung, sind auf Plausibilität zu prüfen, besonders im Hinblick auf die Vergangenheit. Beispielsweise sollte eine im Vergleich zur Vergangenheit sehr optimistische Umsatzplanung noch einmal hinterfragt werden. Hier ist ebenfalls zu fragen, ob die Unternehmensplanung vollständig ist und die Situation des zu bewertenden Unternehmens den Kenntnisstand des Bewertungsstichtages ausreichend wiederspiegelt.

Grundlagen für die Gesamtbewertungsverfahren

- Stille Reserven und (und Risiken)

  Unternehmen können stille Werte und Risiken haben. Stille Reserven sind beispielsweise in Grundstücken enthalten, die mit ihren historischen Anschaffungskosten in der Bilanz stehen und nicht betriebsnotwendig sind. Stille Lasten sind beispielsweise unterbewertete Pensionsverpflichtungen. Solche stillen Reserven und auch Risiken sind in einem Verkehrswert ausreichend zu berücksichtigen.

- Angemessener Kapitalisierungszins

  Der Kapitalisierungszins kann einen großen Einfluss auf das Ergebnis einer Bewertung haben und muss daher sorgfältig abgeleitet werden.

- Angemessene Bandbreite, v.a. bei Unsicherheit von Bewertungsprämissen

  Eine Unternehmensbewertung hängt entscheidend von den zugrunde gelegten Daten und Prämissen ab. Lassen die zur Verfügung stehenden Daten die Ableitung eines eindeutigen Wertes nicht zu, so kann der Bewertende eine angemessene Bandbreite für den Unternehmenswert ermitteln oder mit Hilfe einer Szenarioanalysen die Sensitivitäten des Wertes darstellen.

- Plausibilisierung des Bewertungsergebnisses

  Das Bewertungsergebnis sollte abschließend mit anderen, vergleichbaren Werten verglichen werden, um die Größenordnung des Unternehmenswertes zu plausibilisieren.

Mischverfahren

Mischverfahren enthalten Bestandteile aus unterschiedlichen Bewertungsansätzen:

Übergewinnverfahren (Stuttgarter Verfahren)

Beim Stuttgarter Verfahren handelt es sich um ein überholtes Verfahren zur Bewertung nicht börsennotierter Aktien und Anteile an Kapitalgesellschaften. Es ist häufig noch Bestandteil von Regelung in „alten" Gesellschaftsverträgen für die Auseinandersetzung von Gesellschaften.

Dabei wird der Unternehmenswert über den jeweiligen Prozentsatz (Hundertsatz/ HS) des Vermögenswertes und Ertragswertes in Relation zum Nennkapital des Unternehmens gebildet:

- Vermögenswert: Einheitswert des Betriebsvermögens gemäß Bewertungsgesetz (BewG)
- Ertragswert: Gewichteter Mittelwert des Ertrages der letzten drei Geschäftsjahre

Der Wertansatz beträgt 68% der Summe aus Vermögens-HS und dem 5-fachen Ertrags-HS bezogen auf das Nennkapital (gem. Erbschaftssteuer-Richtlinie 2003, §11 BewG, R 100). Vereinfacht erfolgt die Bewertung auch zu 7/10 der Summe aus dem 5-fachen des Ertragswertes und dem einfachen des Vermögenswertes.

Nachfolgend ein Beispiel für das Stuttgarter Verfahren:

- Nennkapital: 50.000 Euro
- Vermögenswert: 470.000 Euro → Vermögenshundertsatz: 940%
- Ertragswert:

Periode	Ertrag in T-Euro	Gewichtung (Faktor)	Gewichteter Ertrag in T-Euro
t1	90	3	270
t2	60	2	120
t3	120	1	120
Summe:		**6**	**510**

Gewichteter Mittelwert: 510.000 Euro/ 6 = 85.000 Euro

→ Ertragswerthundertsatz = 170%

Mischverfahren

- Unternehmenswertermittlung:

68% x (940% + 5 x 170%) = 1.217,2% x 50.000 Euro = 608.600 Euro

Nachfolgend nochmal eine vereinfachte Darstellung:

	5 x 85.000 Euro (Ertragswert) = 425.000 Euro
+	1 x Vermögenswert = 470.000 Euro
=	**Zwischensumme = 895.000 Euro**
x	0,7 (Wertansatz)
=	**anzusetzender Unternehmenswert = 626.500 Euro**

Mittelwertverfahren

Das Mischwertverfahren ist eine Mischform der traditionellen Bewertungsverfahren und wird durch einen Mittelwert aus den unterschiedlichen Ergebnissen des Substanz- und Ertragswertverfahrens gebildet.

Das Instrument dieses Verfahrens liegt in der Gewichtung der beiden Ergebnisse, die schließlich zum Unternehmenswert addiert werden und den „persönlichen" Wert eines Unternehmens liefern:

	Ertragswert x Faktor 1
+	Substanzwert x Faktor 2
=	**Mittelwert**

wobei Faktor 1 und Faktor 2 = 1, aber auch variieren können.

Literaturverzeichnis

Ballwieser, Wolfgang/Hachmeister, Dirk (2013): Unternehmensbewertung: Prozess, Methoden und Probleme, 4. Auflage, Schäffer-Poeschel.

Brealey, Richard/Myers, Stewart C./Allen, Franklin (2013): Principles of Corporate Finance, 11. Auflage, McGraw-Hill.

Damodaran, Aswath (2012): Investment Valuation: Tools and Techniques for Determining the Value of Any Asset, 3. Auflage, John Wiley & Sons.

Dörschell, Andreas/Franken, Lars/Schulte, Jörn/Koelen, Peter (2012): Der Kapitalisierungszinssatz in der Unternehmensbewertung: Praxisgerechte Ableitung unter Verwendung von Kapitalmarktdaten, 2. Auflage, IDW.

Drukarczyk, Jochen/Schüler, Andreas (2014): Unternehmensbewertung, 7. Auflage, Vahlen.

Ernst, Dietmar/Amann, Thorsten/Großmann, Michael/Lump, Dietlinde Flavia (2012): Internationale Unternehmensbewertung: Ein Praxisleitfaden, Pearson Studium.

Ernst, Dietmar/Schneider, Sonja/Thielen, Bjoern (2012): Unternehmensbewertungen erstellen und verstehen: Ein Praxisleitfaden, 5. Auflage, Vahlen.

Hommel, Michael/Dehmel, Inga (2013): Unternehmensbewertung case by case, 7. Auflage, Fachmedien Recht und Wirtschaft.

IDW (Hrsg., 2014): WP Handbuch: Wirtschaftsprüfung, Rechnungslegung, Beratung, Band II, 14. Auflage, IDW.

Koller, Tim/Goedhart, Marc/Wessels, David (2010): Valuation: Measuring and Managing the Value of Companies, 5. Auflage, John Wiley & Sons.

Kruschwitz, Lutz/Löffler, Andreas/Essler, Wolfgang (2009): Unternehmensbewertung für die Praxis: Fragen und Antworten, Schäffer-Poeschel.

Matschke, Manfred Jürgen/Brösel, Gerrit (2012): Unternehmensbewertung: Funktionen – Methoden – Grundsätze, 4. Auflage, Springer Gabler.

Peemöller, Volker H. (Hrsg., 2012): Praxishandbuch der Unternehmensbewertung: Grundlagen und Methoden. Bewertungsverfahren. Besonderheiten bei der Bewertung, 5. Auflage, NWB.

Schacht, Ulrich/Fackler, Matthias (Hrsg., 2012): Praxishandbuch Unternehmensbewertung: Grundlagen, Methoden, Fallbeispiele, 2. Auflage, Gabler.

Literaturverzeichnis

Spremann, Klaus/Ernst, Dietmar (2011): Unternehmensbewertung: Grundlagen und Praxis, 2. Auflage, Oldenbourg.

Stellbrink, Jörn (2005): Der Restwert in der Unternehmensbewertung, Diss., IDW.

Volkart, Rudolf (2010): Unternehmensbewertung und Akquisitionen, 3. Auflage, Versus.

Wiehle, Ulrich/Diegelmann, Michael/Deter, Henryk/Schömig, Peter N./Rolf, Michael (2010): Unternehmensbewertung

Herausgeber und Autor

Jörg Gogarn ist Management Consultant und Geschäftsführer der JG BC Projekt & Service GmbH, Trebur.

Er verfügt über mehr als 25 Jahre Erfahrung im Umfeld von Banken, Finanzdienstleister und mittelständischen Unternehmen mit den Schwerpunkten

- Risk Management & Financial Accounting,
- Unternehmens- und Banksteuerung,
- Transformation regulatorischer Anforderungen,
- Informationslogistik und
- Geschäftsprozessmanagement.

Die **JG BC Projekt & Service GmbH**, als Teil der JGBC-Unternehmensgruppe ist eine Beratungsgruppe – u.a. mit Partnern und selbstständigen Beratern – mit teilweise über 20 Jahren Management- und Beratungserfahrung.

Zielgruppen	Mission Statement	Was uns unterscheidet
- **Banken** und **Finanzdienstleister** - **mittelständische Unternehmen** aus Industrie, Handel, Handwerk und Dienstleistung	- **JGBC** berät und begleitet seine Mandanten mit der zentralen Zielsetzung „**messbar mehr Erfolg im Markt**" - unser Anspruch sind **Topleistungen** für unsere Mandanten	- langjährig erfahrene **Manager und Berater** - die **interdisziplinäre Kompetenz** von JGBC - **Umsetzungsbegleitung und -verantwortung**

➔ Wir nehmen neue Anforderungen auf und integrieren diese effizient und nachhaltig in Organisation, Geschäftsprozessen und IT-Landschaft.

➔ Fachliche und methodische Kompetenz, Unabhängigkeit, Objektivität und Erfahrung bilden die Basis für unsere Beratung.

➔ Wir sind in der Lage, effiziente Strategien und ganzheitliche Lösungen zu konzipieren und zu realisieren: **Partner für den Mittelstand!**

Unsere Berater decken Ihren Beratungsbedarf professionell ab.

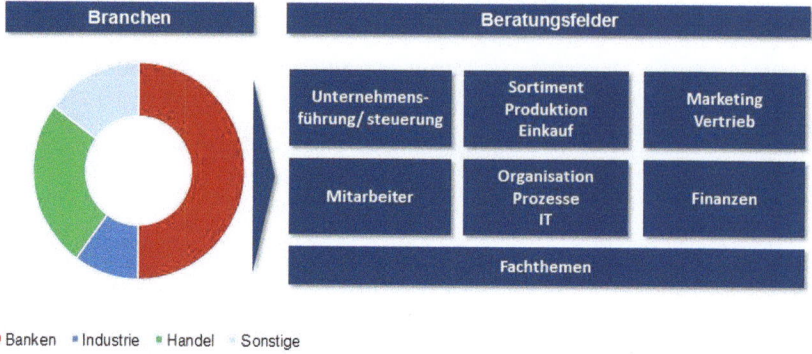

Unser breites Fach- und Branchen-Knowhow bedeutet für unsere Mandanten: Praxiserfahrung, ganzheitliches Arbeiten sowie Professionalität.

Über unsere Kontakte zu prüfungsnahen Beratungen, Publikationen der Aufsichtsbehörden, Teilnahme an Arbeitskreisen und Informationsveranstaltungen, regelmäßige Fortbildungsmaßnahmen und die laufende Kommunikation mit unseren Klienten kennen wir die aktuellen Themen und Herausforderungen am Markt.

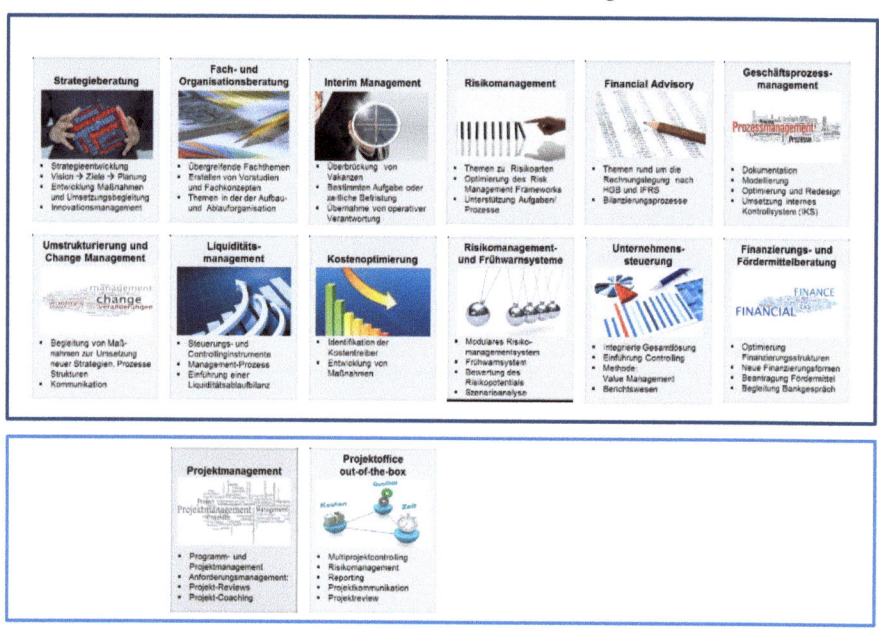

Wir beraten nicht nur, sondern setzen Ihre Lösung auch effizient und erfolgreich um:

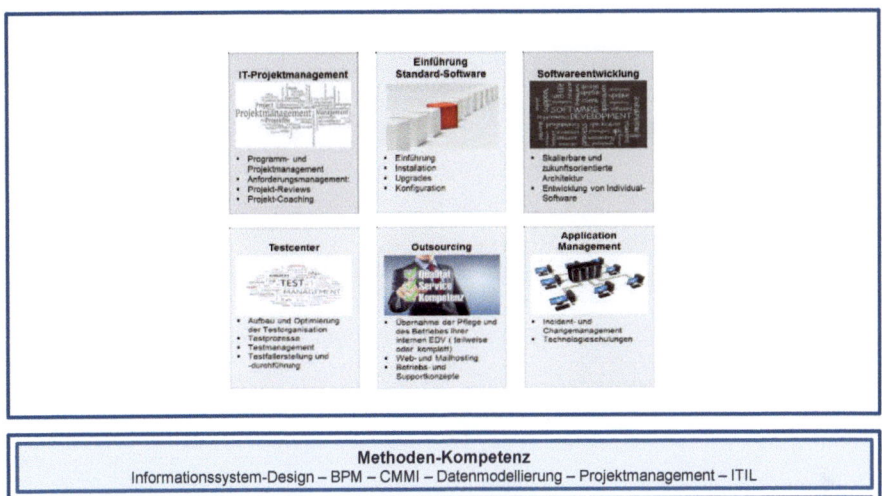

Unser Vorgehen in der Beratung:

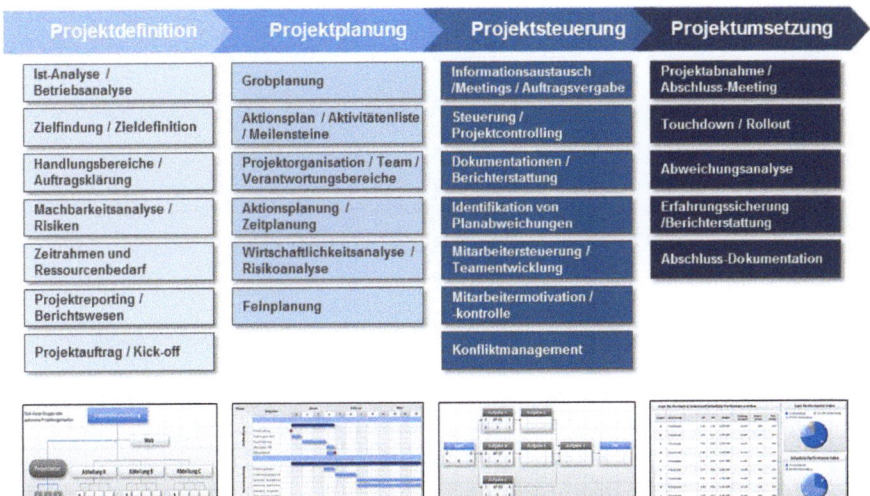

Ihr Kontakt:

Jörg Gogarn
Geschäftsführer

Lachenweg 65
D-65468 Trebur
Telefon & Fax: +49 3212 - 5422999
Mobil: +49 170 489 01 18
E-Mail: j.gogarn@jgbc-online.com